LA

POLITIQUE IMPÉRIALE

ET LA

RÉVOLUTION

DÉDIÉ AU PRINCE NAPOLÉON

PAR

FERNAND DESPORTES

AVOCAT A LA COUR D'APPEL DE PARIS

NOUVELLE MAISON PERISSE FRÈRES DE PARIS

RÉGIS RUFFET ET Cie, SUCCESSEURS

PARIS
38, RUE SAINT-SULPICE.

BRUXELLES
PLACE SAINTE-GUDULE, 4.

1871

LA

POLITIQUE IMPÉRIALE

ET LA

RÉVOLUTION

DU MÊME AUTEUR

Essai historique sur les Enfants naturels. 1 vol. in-8.

A. Durand, libraire. Paris, 1857.

La Réforme des Prisons. 1 vol. in-8.

A. Leclère et A. Durand, libraires. Paris, 1862.

Corbeil — Typ. et stér. de Crété fils

LA

POLITIQUE IMPÉRIALE

ET LA

RÉVOLUTION

DÉDIÉ AU PRINCE NAPOLÉON

PAR

FERNAND DESPORTES

AVOCAT A LA COUR D'APPEL DE PARIS

NOUVELLE MAISON PERISSE FRÈRES DE PARIS

RÉGIS RUFFET ET Cie, SUCCESSEURS

PARIS
38, RUE SAINT-SULPICE.

BRUXELLES
PLACE SAINTE-GUDULE, 4.

1871

AU

PRINCE NAPOLÉON

MONSEIGNEUR,

L'opinion publique est sujette à d'étranges erreurs. N'accusait-elle pas votre courage? Voici pourtant que vous venez d'en donner une preuve certaine en osant sortir de la retraite, où, dès le mois d'août dernier, vous aviez enfermé votre personne et vos trésors.

Au fond de cette retraite et à l'abri de toute émotion, vous avez pu vous former un jugement équitable sur les hommes qui ont eu la folie de défendre leur pays, alors que vous aviez la sagesse de remettre au fourreau ce que vous appelez votre épée.

Vous êtes cependant bien sévère pour eux. Non-seulement vous les rendez responsables de tous les désastres de la guerre, mais encore vous les accusez d'être les auteurs de l'insurrection socialiste du 18 mars.

Vous allez même, dans cet ordre d'idées, jusqu'à des affirmations que vous savez être absolument contraires à la vérité. « A Versailles, dites-vous à M. Jules Favre, le vainqueur propose le désarmement de la garde nationale OU celui de l'armée; vous CHOISISSEZ celui des soldats, parce que vous craignez des éléments bonapartistes dans l'armée. » C'est là une erreur volontaire à l'aide de laquelle vous pensez éveiller les ressentiments de l'armée. Vous ne pouvez pas ignorer que le vainqueur a demandé le désarmement de l'armée ET celui de la garde nationale. Pour l'armée, pas de discussion ; la volonté du vainqueur était formelle. Pour la garde nationale, il y avait une hésitation dont M. Jules Favre a profité. C'était peut-être une faute : lui-même l'a reconnu. Mais cette faute, quels que soient ses regrets, j'ai la conviction qu'il la commettrait encore, et que tout autre, à sa place, l'aurait commise : se peut-il imaginer un négociateur rendant à l'ennemi plus d'armes qu'il n'en exige et livrant lui-même ses concitoyens ?

Croyez-moi, l'insurrection du 18 mars n'en eût pas moins éclaté. Son origine est plus ancienne.

Le seul, le véritable auteur de cette insurrection, c'est l'EMPIRE.

Les pages qui suivent ont pour objet de le démontrer, et c'est simplement pour cela, MONSEIGNEUR, que je prends la liberté de vous les offrir.

A qui ferez-vous croire qu'une crise sociale aussi violente se soit produite spontanément, ou bien que la cause n'en remonte pas au delà du 4 septembre ?

Vous l'avez dit vous-même autrefois : « Il faut que la démocratie française soit placée pendant un siècle sous la forte main des Césars. » Toute la politique napoléonienne est dans ces mots. L'Empereur, tenant à l'écart les classes éclairées qui jusqu'alors avaient dirigé le pays, a voulu régner en maître sur la multitude et par la multitude. Pour mieux s'en emparer, il a flatté ses plus mauvaises passions, auxquelles il a sacrifié tous les principes. « Il n'y a plus de principes, disait-on encore, il n'y a que des intérêts. » Nous avons vu les masses ouvrières systématiquement attirées de la campagne dans les grandes villes par l'appât du gain et des jouissances immodérées; nous les avons vues dotées de libertés dangereuses parce qu'elles constituaient autant de priviléges au milieu de la servitude universelle; nous les avons vues dépravées par le spectacle d'un luxe effréné, par une littérature immonde, par un théâtre impur, par une presse impie, à laquelle était réservé, comme un monopole, le droit de calomnier l'Église... Qui donc était le complice des manieurs d'argent? Qui donc faisait passer les drôlesses avant les honnêtes femmes? Qui donc était le protecteur de M. Renan? Qui donc s'en allait le Vendredi saint manger du saucisson en compagnie de Sainte-Beuve?

C'était vous, MONSEIGNEUR.

A vous et aux vôtres la responsabilité du 18 mars. Les prolétaires qui fusillent les évêques, ne sont pas plus coupables que les princes qui outragent la religion.

Vous feignez aujourd'hui de chercher un remède au mal que vous avez fait, et ce remède n'est pas, dites-vous, « dans un principe qui est la négation de la société moderne. » Libre à vous de voir l'*affirmation* de la *société moderne* dans le système de corruption, de concussion, de chantage politique, de commissions mixtes et de coups d'État qui fut celui de l'Empire. Pour tout homme de sens, l'ordre social, moderne ou non, n'a qu'une base : le DROIT, le droit indépendant des erreurs et des passions de la multitude!

Le remède, à votre avis, serait dans un plébiscite qui rétablirait l'Empire; et votre imagination fait encore un crime au gouvernement d'avoir, à Francfort comme à Versailles, « tout concédé parce qu'on lui faisait entrevoir un appel au peuple français. »

Merci, MONSEIGNEUR, merci de l'aveu ! Voilà donc ce que vous et votre cousin attendiez dans l'exil, tandis que la France, abandonnée par vous, succombait sous les coups de l'ennemi. Vous attendiez que le vainqueur, faisant à sa victime le dernier des outrages, la rejetât dans vos bras, soit qu'il payât son déshonneur de quelques faveurs inespérées, soit qu'il dictât la réponse en lui adressant la demande, comme cela se pratiquait de votre temps.

C'est donc possible ! C'est donc vrai ! Pendant que nos soldats mouraient ; pendant que Strasbourg, que Metz, que Paris tombaient épuisées ; pendant que nos provinces étaient livrées à l'incendie, au pillage,— vos gens étaient au camp prussien, obsédant le vainqueur pour qu'il replaçât votre trône sur toutes ces ruines sanglantes !

Nous vous avons donné le droit, j'en conviens, de douter de notre bon sens, en vous supportant, vous et les vôtres, pendant vingt ans ; mais nous ne vous avons pas donné le droit de douter de notre honneur. Eh bien ! tant qu'un Français gardera dans son cœur, avec le deuil de sa patrie, le souci de sa gloire, il y conservera « *la haine du nom de Napoléon.* »

On dit qu'en arrivant à l'armée du Rhin et reconnaissant la situation désespérée, vous vous êtes écrié : « La France va nous f.... à la porte, et nous ne l'aurons pas volé ! »

Ce jour-là, MONSEIGNEUR, vous avez, dans un style qui vous est propre, rédigé le jugement de l'histoire.

FERNAND DESPORTES.

LA POLITIQUE IMPÉRIALE ET LA RÉVOLUTION

LA POLITIQUE IMPÉRIALE ET LA RÉVOLUTION

PROLOGUE

Le 1er mars 1871 l'Assemblée Nationale adoptait prèsque unanimement la motion suivante :

« L'ASSEMBLÉE NATIONALE CONFIRME LA DÉCHÉANCE DE NAPOLÉON III ET DE SA DYNASTIE, DÉJA PRONONCÉE PAR LE SUFFRAGE UNIVERSEL, ET LE DÉCLARE RESPONSABLE DE LA RUINE, DE L'INVASION ET DU DÉMEMBREMENT DE LA FRANCE. »

Quelques mois à peine se sont écoulés depuis que le pays a prononcé ce verdict, et déjà celui qu'il a condamné relève la tête.

Ses partisans s'agitent au milieu des ruines dont ils ont couvert le sol français et songent à je ne sais quel retour de l'île d'Elbe. Ce n'était pas assez d'un nouveau 1814, il leur faut un autre 1815.

Naguère, au milieu d'une discussion parlementaire, l'un d'eux s'écriait : « Les hommes du 4 septembre ont commis un attentat contre la volonté nationale. »

D'attentat, les membres du Gouvernement provisoire n'avaient pas à en commettre. S'ils ont été plus tard assez téméraires pour profiter des malheurs de la guerre afin d'imposer à leur pays des institutions républicaines, — le 4 septembre, ils ont pris le pouvoir vacant, comme un dépôt nécessaire, à charge d'en rendre compte, et en vertu du droit que chacun a de recueillir les épaves d'un naufrage. L'Empire est tombé comme un édifice bâti sur le sable, comme un gouvernement de hasard, au premier souffle, non de la justice du peuple, qui n'est rien, mais de la justice de Dieu.

Paris avait été par son indifférence et sa faiblesse le complice du Deux Décembre. Il avait laissé un prince parjure déchirer les lois que la France avait confiées à sa garde. Le 4 septembre, dans un accès de colère et de mépris, Paris répara sa faute et brisa le trône de ce prince. Ce ne fut pas à vrai dire une révolution ; on ne vit ni protestation ni résistance. En admettant que le Deux Décembre eût cessé d'être un crime contre le suffrage universel, il était toujours demeuré, sans ratification ni prescription possible, un crime contre la conscience humaine. C'est surtout dans un temps troublé comme le nôtre qu'il faut se souvenir de la parole de Bossuet : « IL N'Y A PAS DE DROIT CONTRE LE DROIT. »

* * *

S'il fallait voir un attentat dans l'événement du 4 septembre, l'Assemblée Nationale, gardienne du droit, n'aurait qu'à rapporter son décret du 1er mars et à rétablir le gouvernement *légitime* qui existait encore le 4 septembre au matin.

C'est bien là ce qu'attendent les partisans de l'Empire ; non qu'ils se flattent d'obtenir de l'Assemblée une telle décision, mais parce qu'ils espèrent surprendre une fois encore l'opinion publique. Ils l'ont si souvent égarée qu'ils ont bien le droit de n'en pas désespérer.

Déjà, pendant la guerre, ils ont essayé de faire croire que seuls ils pourraient obtenir la paix à des conditions moins désastreuses, et n'ont pas craint de faire de l'ennemi lui-même le complice de leurs menées.

Profitant aujourd'hui des crimes du socialisme et des menaces qu'il ose encore proférer, ils essayent de faire croire que seuls ils sont à même de rétablir l'ordre intérieur et de rendre à nos lois quelque stabilité.

Quand cette idée aura cheminé à travers nos pauvres esprits troublés, les députés qu'ils auront fait élire, les fonctionnaires qu'ils auront fait placer, les journalistes qu'ils auront inspirés, timidement d'abord, audacieusement ensuite, réclameront un QUATRIÈME PLÉBISCITE pour obtenir d'une multitude ignorante et craintive, non plus le *couronnement*, mais la reconstruction de leur édifice.

*
* *

Je vois ce mouvement se préparer, et j'avoue que, malgré l'insuccès de la plupart des candidatures bonapartises aux élections du 2 juillet, j'en suis effrayé, non pour moi qui n'ai rien à y perdre, mais pour les idées conservatrices et libérales dont j'ai fait la passion de ma vie.

Le Bonapartisme, ou pour mieux dire le CÉSARISME, est, à mon sens, la plus funeste expression de l'utopie révolutionnaire, car il s'empare, pour les tourner contre la société, des forces régulières dont celle-ci dispose.

Je sais bien que, pour la plupart, les hommes actuellement aux affaires ont été, dans des camps divers, les ennemis de l'Empire ; je sais bien qu'ils redoutent autant que moi le rétablissement d'un ordre de choses dont, plus que moi peut-être, ils ont eu à souffrir. Mais auront-ils la sagesse d'oublier les préjugés qui les divisent, pour rester unis contre l'ennemi commun ? Auront-ils la force de lutter contre un courant populaire qui pourra, comme en décembre 1848, comme en décembre 1851, renverser toutes les digues que la raison et l'expérience chercheront à lui opposer ?

***

Voici ce qu'on commence à penser et à dire en plus d'un pays :

« L'Empereur a eu grand tort de faire la guerre. Certes, le pauvre homme n'y entendait rien ! Mais il l'a faite malgré lui. Ce sont les attaques violentes et injustes de l'opposition qui l'ont contraint à la déclarer, pour rétablir sa popularité compromise, et sans qu'il ait pu réunir des armées suffisantes. Et puis les uns l'ont trahi, les autres l'ont abandonné précisément à l'heure où, reconnaissant sa faute, il ne demandait qu'à faire la paix. Et la paix lui eût permis de réparer tous nos désastres ! Sous quel gouvernement la prospérité publique a-t-elle été plus grande que sous le sien ? Quand le bien-être a-t-il été plus général ? Quand les denrées se sont-elles mieux vendues ? Quand les braves gens ont-ils eu plus de calme et plus de liberté pour faire leurs affaires et pour jouir de leur fortune ? Dès que l'Empire a été menacé, les détestables passions qu'il avait toujours contenues se sont réveillées plus violentes; les éternels ennemis de l'ordre se sont mis à tout attaquer et à tout détruire. Il n'y a plus eu de sécurité pour personne. Faudra-t-il toujours être sur le qui-vive, ne jamais compter sur le lendemain, s'occuper de politique, d'élection, de révolution, au lieu d'élever sa famille et de se laisser vivre paisiblement? Ah! si l'Empereur était encore sur son trône! Il était bien mauvais pour la guerre, mais qu'il était bon pendant la paix! »

Ce sentiment, il n'y a pas que des esprits incultes, il n'y a pas que des paysans qui l'éprouvent: que d'honnêtes gens, dans les rangs élevés du parti conservateur, n'attendent pour l'avouer qu'une occasion favorable!

Ce sentiment n'est pas d'hier: il y a vingt ans que je le vois grandir. L'Empire peut l'exploiter aujourd'hui, car c'est lui qui l'a fait naître. C'est le sentiment d'hommes qui n'ont plus au monde d'autre souci que celui des intérêts matériels, et qui répètent à l'envi ce mot, ce triste mot, que le premier en France Louis XV a prononcé: « Après nous le déluge! »

* * *

Je ne prétends pas qu'un peuple doive dédaigner la recherche du bien-être et tout sacrifier aux passions politiques.

Mais il me semble que le bien-être n'est pas plus la fin dernière des peuples qu'il n'est la fin dernière des hommes. L'honneur doit passer avant, et, quelles que soient les prospérités impériales, c'est les payer trop cher que de les payer au prix de Sedan ou de Waterloo.

*
* *

Je crois aussi que le bien-être doit être recherché avec intelligence et qu'il ne peut être assuré qu'à ceux qui travaillent et qui luttent pour l'obtenir et surtout pour le conserver ;

En d'autres termes, qu'il est la récompense du devoir accompli.

Or Dieu, qui nous impose des devoirs envers nous-mêmes et envers chacun de nos semblables, nous en impose également envers la société, pour laquelle il nous a formés;

Devoirs de deux sortes, qui ne consistent pas seulement à prêter aux lois une obéissance passive, mais qui nous obligent à aimer notre pays, à le servir de notre mieux, dans la mesure que comporte son organisation politique.

Ce n'est pas impunément qu'un peuple cherche à s'affranchir des devoirs civiques. Il ne lui sert de rien d'avoir l'amour du travail qui conquiert les richesses et l'honnêteté qui les multiplie, s'il n'a le patriotisme qui les conserve, en assurant le bon ordre et la sécurité des relations sociales.

*
* *

Pendant vingt ans nous avons voulu nous affranchir de nos devoirs de citoyens ; nous avons dédaigné la politique, nous nous sommes dit : « Contentons-nous d'être des hommes d'affaires, des gens pratiques ; travaillons pour nous enrichir et jouissons en paix du fruit de notre travail. »

Nous avons même reconnu bientôt que, pour nous enrichir, il était superflu d'être honnêtes et laborieux, puisque les plus grandes fortunes étaient aussi les plus scandaleuses. Nous avons couru par tous les chemins qui mènent à la richesse ; nous y avons trouvé ce qui fait la vie joyeuse : l'abondance, le luxe, les plaisirs, la vanité satisfaite, les passions enivrées, et, pour des appétits sans frein, des jouissances sans bornes.

Nous avons cru que cela durerait toujours. L'Empereur nous avait persuadé de nous reposer sur lui du soin d'écarter les périls et même les fatigues. Nous pensions qu'à lui seul et sans notre concours, grâce à la toute-puissance dont nous l'avions investi, il saurait contenir l'esprit révolutionnaire, le SOCIALISME, dont les premières atteintes nous avaient tant effrayés après la révolution de 1848.

Vaine confiance ! l'Empereur régnait encore que déjà le socialisme grondait autour de nous et menaçait notre fausse sécurité. Étourdis par les affaires et les plaisirs, nous n'en avions pas suivi les progrès silencieux ; nous n'imaginions pas à quel point il avait pénétré dans les masses, et grande fut otre surprise lorsque nous le vîmes s'agiter au ilieu des grèves et des réunions publiques.

Grand fut notre effroi lorsque, après la chute de 'Empire, il nous apparut tel qu'il est en réalité. ominant la classe ouvrière et prêt à envahir le euple des campagnes, avec une organisation redou-able, des ressources immenses, des chefs prompts tous les crimes.

Dieu nous découvrit alors combien était fragile ette prospérité dont nous étions si fiers et si satis-aits ; combien était coupable cette indifférence ui, après avoir éteint dans nos âmes tout senti-ent, toute intelligence, toute vertu civiques, nous ivrait désunis et désarmés à ces barbares dont nous vions craint de soupçonner l'existence ; combien nfin était téméraire cette confiance dans celui que ous avions fait l'arbitre de nos destinées, comme , chez les peuples civilisés, l'omnipotence ne con-uisait pas fatalement au crime ou à la folie, quel-uefois à tous les deux.

Si depuis vingt ans nous n'avions pas voulu vivre mme les peuples en décadence ; si nous avions eu la patience et le courage de faire nous-mêmes les affaires de notre pays, nous n'aurions pas laissé les ennemis de l'ordre social s'organiser dans l'ombre et se préparer au combat, nous surprendre et presque nous vaincre. Peut-être aurions-nous eu la vie moins facile et moins douce ; mais, le 18 mars dernier, nous n'aurions pas vu tout ce qui, pour nous, constitue la patrie près de sombrer dans une catastrophe soudaine, inouïe dans l'histoire, et dont, pour nous sauver, il a fallu une sorte de miracle.

*
* *

Non, nous ne devons pas attribuer les progrès du socialisme à telle cause fortuite, à tel événement contemporain, à tels hommes imprudents ou coupables. Ces progrès sont la conséquence, la conséquence directe et nécessaire, du système politique que la France a voulu subir depuis qu'elle a restauré l'Empire.

J'en ai la conviction profonde, et je veux l'établir dans cet écrit, médité depuis longtemps, sans autre passion qu'une véritable angoisse patriotique.

Peut-être cet écrit n'aurait-il jamais vu le jour, si l'Empereur, auteur de nos désastres, avait accepté le jugement de Dieu et cherché, dans une retraite modeste, le pardon ou l'oubli du mal qu'il a fait à la France.

Mais, puisqu'il n'a pas perdu tout espoir, puisqu'il conspire toujours, puisqu'il sème l'or et l'intrigue, puisqu'après avoir sollicité le concours de l'étranger, il cherche à profiter de nos désastres, j'ai le droit d'élever la voix et de dire, si humble que je sois, pourquoi je l'ai combattu sans cesse au nom des principes conservateurs, et pourquoi je veux le combattre encore.

C'est plus qu'un droit, c'est un devoir. Le retour d'opinion qui semble se préparer en sa faveur, me l'impose.

Je vais donc examiner ici la politique impériale dans ses rapports avec la révolution. Je discuterai ses principes d'abord, puis ses actes; non pas tous ses actes, car il me suffira de résumer ceux de la dernière période du règne, ceux qui ont précédé et suivi le plébiscite du 8 mai 1870, pour trouver la démonstration de cet axiome dont je voudrais pénétrer l'esprit de mes lecteurs :

LE CHEMIN LE PLUS SUR POUR ALLER DE LA CIVILISATION AU SOCIALISME, C'EST L'EMPIRE.

PREMIÈRE PARTIE.

Celui qui veut embrasser du regard et juger dans son ensemble la politique impériale, doit se reporter à la date qui en a marqué l'apogée : le 8 mai 1870.

Ce jour-là, la France, effrayée par le socialisme, abdiquait une seconde fois entre les mains de l'Empereur. Dix-huit ans après le 2 décembre, elle lui donnait encore sept millions et demi de suffrages.

C'était pour l'Empereur une victoire complète, et probablement définitive. On aurait en vain discuté ce chiffre. En en retranchant le million de bulletins qu'avait fait jeter dans l'urne le complot découvert avec tant d'à-propos par M. Émile Ollivier, et même les cinq cent mille que les conseils de certains parlementaires naïfs y avaient fait tomber sous prétexte d'empire libéral, il restait toujours une majorité écrasante, ayant voté pour l'Empereur sans phrases et pour l'Empire à perpétuité.

C'était un nouveau Deux Décembre, pacifique et quasi légal.

Cette fois, les anciens partis me semblaient bien morts ; je ne voyais plus en France que deux masses, entre lesquelles ils étaient écrasés : la multitude qui faisait peur et la multitude qui avait peur, les *socialistes* et les *honnêtes gens*. L'Empereur les tenait en équilibre ; il se servait de l'une pour effrayer, de l'autre pour régner. Toute sa politique était là ; il n'en avait jamais eu d'autre.

L'Empire, c'était la peur.

*
* *

Comment un pareil régime avait-il pu s'établir dans notre pays ? Qu'y avait-il produit ? Par quels procédés s'y maintenait-il ? Quel avenir lui réservait-il ?

Le rechercher et le dire, c'était alors la seule consolation qui fût possible à des vaincus, en leur permettant de s'appliquer cette belle parole de l'antiquité :

« *Victrix causa diis placuit, sed victa Catoni.* »
« Le destin a condamné notre cause, mais non la justice. »

Aujourd'hui, ce n'est plus une consolation, c'est un enseignement qu'il faut demander au passé ; c'est un acte de prudence et de raison, puisque Napoléon III paraît déterminé à ne pas attendre le jugement de l'histoire.

*
* *

Les socialistes sont d'ancien régime.

En tout temps et par tout pays, il y a eu la multitude des misérables, de ceux que la souffrance aigrit, que l'ignorance corrompt, que la convoitise dévore : les *partageux*. Tant que la hiérarchie des classes supérieures la domine, cette multitude, force qui s'ignore elle-même, ne sait que gémir et maudire. Mais que l'ordre soit troublé : la voilà qui s'ébranle et qui menace. S'il se rencontre alors des ambitieux pour faire d'elle le levier de leur ambition, rien de plus aisé que de la remplir de chimères malsaines, d'exaspérer ses appétits et de la mener au combat.

Le péril social devient alors manifeste. Cela ne veut pas dire qu'on ne doive y songer qu'aux jours de crise. Il subsiste en tout temps, et c'est surtout quand il se cache, c'est surtout aux jours calmes, qu'il faut s'en préoccuper pour en prévenir les funestes éclats.

*
* *

Mais comment le conjurer, ce péril, sinon comment le faire disparaître; car nul peuple, hélas ! n'y est parvenu ?

Pour combattre les misérables et les ignorants, il faut leur tendre une main fraternelle; il faut dissiper leurs ténèbres et adoucir leurs souffrances; il faut leur donner les moyens de se relever, et même de s'élever.

Tel doit être le constant effort de ceux qui savent, qui possèdent et qui dirigent.

C'est leur devoir : il n'y a pas d'âme, je ne dirai pas chrétienne, mais simplement humaine, qui, rentrant en elle-même, se dégageant des calculs égoïstes et des passions violentes, ne le comprenne et ne le publie.

C'est leur mission : s'il y a des savants, c'est pour qu'il y ait le moins d'ignorants; des riches, pour qu'il y ait le moins de pauvres; des heureux, pour qu'il y ait le moins de malheureux ; des guides et des chefs, pour qu'il y ait le moins d'égarés et le moins de vaincus dans cette grande arène hasardeuse de l'humanité. Si nous voyons les hommes s'entasser sur quelques points de la terre, trop vaste cependant pour ses habitants, c'est afin qu'ils puissent trouver dans l'assistance qu'ils se doivent, la force de dompter la nature toujours rebelle. Telle est la loi de l'ordre et de la hiérarchie sociale.

C'est enfin leur intérêt : de son ennemi ne vaut-il pas mieux faire un allié qu'une victime? Vaincre n'est rien, convaincre est tout : la paix est à ce prix.

*
* *

Est-ce ainsi que la nation française a procédé, lorsque, en 1848, la question sociale l'a surprise et s'est posée pour la première fois devant elle? Est-ce ainsi qu'elle a procédé à l'égard de cette multitude bouillonnante, dévorée d'appétits, perdue de vices, laquelle a débordé de toutes les grandes villes à la voix de ses chefs, de ses docteurs, inconnus la veille, désormais redoutables?

Oh! non, ce n'est pas ainsi!

On a eu peur et on a tremblé. Or qui tremble est féroce.

C'est à la violence que dans tous les rangs de la société on a fait appel. Le *Spectre rouge* avait mis tout à l'envers. Dès lors plus de raison, plus de sang-froid, plus de pitié! Guerre, non-seulement aux chefs, aux chefs qui ont conscience de leurs actes et souvent mépris de leurs doctrines, aux chefs qui exploitent la foule, — mais guerre à la foule elle-même, à la foule des égarés, des souffrants, des parias! Que j'ai vu d'hommes excellents, incapables du moindre mal, appeler sur ces malheureux des proscriptions sanglantes! Que j'ai vu aussi de femmes du monde, parées de toutes les grâces et de toutes les délicatesses, rêver à je ne sais quelle Saint-Barthélemy de républicains!

Hélas! mesdames, vous êtes-vous jamais demandé quels seraient vos désespoirs et vos rages, si, l'âme vidée de tous sentiments chrétiens, le corps épuisé de fatigue et de misère, vous voyiez vos enfants demi-nus crier la faim, et vos maris, ivres d'impuissance et de convoitise, rentrer les mains vides et la tête perdue?

*
* *

Donc, en 1848, quand les socialistes ont fait des barricades, on ne s'est pas contenté de les réduire et de les punir de leurs crimes, ce qui était dans l'ordre et dans le droit.

On n'a rien fait pour leur prouver l'injustice de leurs malédictions et la stérilité de leurs chimères; rien pour leur montrer leurs intérêts les plus chers attachés à la défense même de la société; tout progrès impossible en dehors de l'ordre établi, et cette révolution qu'ils appelaient, faisant d'eux ses premières victimes.

On n'a pas apaisé leur sédition, on l'a étouffée. Et de la sorte, loin de ramener la multitude, entre elle et la société on a creusé un abîme que la haine et le désespoir ont chaque jour rendu plus profond.

La question sociale, laissée sans solution, est devenue plus difficile et plus périlleuse; tous les problèmes politiques se sont effacés derrière elle; elle est restée la grande, la seule question de notre temps.

Le pays le comprit aussitôt. Il s'en effraya outre mesure, et, persistant dans sa conduite, il se jeta de plus en plus dans la réaction; il frappa rudement, il frappa sans relâche; il frappa avec tant d'ardeur, que la besogne à la fin en devint fatigante.

*
* *

Dans cette conjoncture, un prince s'est présenté, aux aguets depuis longtemps, la tête remplie d'une seule idée, armé de cette force qui, dit-on, renverse les montagnes, la patience, et supérieur aux autres hommes par le mépris qu'il en faisait.

« Je suis l'héritier du héros d'Austerlitz, dit-il à la nation inquiète et lassée; rendez-moi sa puissance; en échange, je vous donnerai l'ordre et la sécurité. »

La France applaudit et accepta, sans songer d'abord que le héros d'Austerlitz était aussi l'homme de brumaire.

On le lui fit bien voir au 2 décembre.

Mais, hélas! elle applaudit encore et sa confiance en devint plus aveugle.

*
* *

La France! c'est-à-dire l'autre masse, la multitude de ceux que le *Spectre rouge* effrayait, les trembleurs.

Oui, la France! car de la France ils avaient tout: le sol, le capital, le crédit, l'intelligence, la force, le nombre;

Tout, excepté l'âme même de la France;

Cette âme ardente et virile dont le souffle avait animé le monde pendant des siècles.

Cette-âme là, étouffée par la passion des intérêts matériels, elle ne devait plus vivre que dans bien peu d'hommes, et quels hommes! des libéraux; des gens qui, fidèles aux convictions de leur jeunesse, prétendaient encore sauver le droit par la liberté; des vaincus et des bafoués, sorte de naufragés ridicules, ballottés par les vents, et, néanmoins, refusant d'entrer au port;

Semblables à ces anciens navigateurs qui, battus par la Méditerranée, préféraient les hasards de la tempête à l'asile incertain des côtes barbaresques.

C'est que, pour ceux-ci, le port, c'était l'esclavage; — pour ceux-là, l'Empire!

*
* *

Ainsi la France, épouvantée par le socialisme, a restauré l'Empire pour être délivrée du socialisme par l'Empereur.

Et certes, dans l'exécution de ce contrat, elle a largement tenu ses promesses. Elle s'est donnée tout entière, et n'a rien réservé.

Comment l'Empereur a-t-il tenu les siennes ?

A-t-il détruit le socialisme ?

A-t-il pu le détruire ?

A-t-il même voulu le détruire?

*
* *

A-t-il détruit le socialisme ?

Poser cette question aujourd'hui peut sembler une chose cruelle ou dérisoire. Mais sous l'Empire, comme ceux qui ferment les yeux pour ne pas voir le péril, on avait voulu pendant des années se faire illusion. On tenait que l'Empereur avait été fidèle à sa parole. Lui-même l'affirmait et ne permettait pas d'en douter.

Le monstre bâillonné, on croyait le monstre mort.

Hélas! un tel monstre ne meurt pas ainsi. Sitôt qu'il a pu écarter ses liens, il a fait un tel bruit et donné de telles secousses, qu'on a vu qu'il était vivant et plus fort que jamais.

*
* *

D'ailleurs, en 1870, il y avait dix-huit mois que l'Empereur, changeant tout à coup de politique et de langage, cherchait à démontrer que la tâche qu'il avait acceptée était encore toute à faire.

Depuis dix-huit mois, son gouvernement et sa police s'étaient fait comme un devoir de publier et de répandre à flots des brochures prouvant que les pires doctrines subsistaient et étaient enseignées couramment dans les réunions publiques. Ses propres journaux étaient devenus les échos plus ou moins fidèles de ces réunions.

En effet, il n'y avait pas un des principes sur lesquels repose l'ordre social moderne qui eût trouvé là grâce et respect. Depuis les institutions domestiques et civiles, jusqu'aux lois générales, tout avait été critiqué, moqué, menacé.

Les femmes mêmes s'en étaient mêlées, prêchant la réforme à leur profit, bas-bleus devenus bas-rouges!

En 1848, on riait des Vésuviennes, on riait des Icariens, on riait de la Banque du peuple.

Il suffisait du crayon de Cham pour mettre en déroute les conceptions du génie formidable de Proudhon.

On avait bien peur, on était bien cruel, mais on riait.

En 1870 on ne riait plus. On comprenait que ces doctrines insensées avaient cheminé souterrainement et qu'elles avaient fait leur œuvre. On comprenait que, dans les grands centres populaires, elles avaient pénétré les masses ; que, toutes ridicules, tout impossibles, toutes criminelles qu'elles fussent, elles pourraient bien faire explosion le lendemain d'une surprise révolutionnaire ; que cela ne durerait qu'une heure ; mais que cette heure serait funeste, sinon mortelle.

*
* *

Le plus étrange, c'est que ces doctrines se soutenaient toutes seules. Leurs grands hommes étaient morts ou muets : les Saint-Simon, les Fourrier, les Proudhon, les Comte, les Louis Blanc, les Cabet ! Elles n'avaient plus pour apôtres que d'affreux petits cabotins de tréteaux ou des coupe-jarrets de presse, qui se grimpaient mutuellement sur le dos et se poussaient à la fortune à travers la police correctionnelle.

*
* *

Au reste, si les chefs manquaient, les complices

ne manquaient pas. Il y en avait de toutes sortes. Il y avait les Prudhomme et les Robert Macaire. Aux dernières élections, c'avait été chose curieuse et triste de lire les circulaires et d'entendre les professions de foi. Depuis le candidat officiel jusqu'à l'*irréconciliable*, que de braves gens, ayant horreur du socialisme, en avaient arboré l'étendard, pour conduire le troupeau au scrutin !

* * *

Donc le socialisme n'était pas mort. Il vivait dans la multitude ; il attendait son heure.

* * *

L'Empereur aurait-il pu le détruire ?

Pour accomplir cette tâche que le pays lui avait confiée, après l'avoir lui-même si mal conduite, l'Empereur ne voulut pas, de crainte d'éveiller des défiances, user de procédés nouveaux.

Non par peur, assurément, mais par politique, ce fut encore à la violence qu'il en appela : la guerre civile, les proscriptions, les lois oppressives, décrétant le silence.

Comment dès lors aurait-il mieux réussi que ses devanciers ?

*
* *

Ce qui tue les hommes fait vivre les idées. Bonnes ou mauvaises, dès qu'on les frappe, elles grandissent et triomphent. L'histoire tout entière démontre cette vérité, qui n'est pas une des moindres gloires de l'esprit humain.

La persécution a fondé le catholicisme ; et s'il avait pu périr, l'inquisition l'aurait tué.

L'inquisition, du moins, a assuré le succès de la réforme.

Qu'a pu la Terreur contre les idées d'ancien régime, le premier Empire contre les idées de liberté ?

Aux Tuileries, le pape Pie VII était perdu ; il triomphait à Fontainebleau.

Aussi, quand, jeune encore, j'entendais mes contemporains appeler de tous leurs vœux un sabre contre la révolution : « Malheureux, me disais-je, ce sabre-là ne sauvera personne ! »

Il me semble en effet que ce sabre s'est singulièrement émoussé sur les idées socialistes. Supposons, depuis vingt ans, ces idées tranquilles, libres de se produire, ayant accès dans la presse comme à la tribune, prenant même place au pouvoir : auraient-elles acquis la consistance, la force, la popularité que, bon gré, mal gré, nous devons leur reconnaître aujourd'hui?

*
* *

Les idées sont des produits intellectuels. On peut les comparer à des marchandises dont la valeur exacte n'est déterminée que par la libre concurrence. Elles sont sûres, quand elles ont le droit de paraître, d'obtenir le jugement qu'elles méritent : bonnes, on les accepte tôt ou tard, simplement parce que, étant bonnes, elles sont utiles ; mauvaises, on les repousse, simplement parce que, étant mauvaises, elles sont nuisibles. Empêcher une idée de se produire, c'est l'empêcher de se faire apprécier ; c'est la mettre à l'abri de toute controverse et de tout contrôle ; c'est lui prêter un crédit imaginaire, une puissance factice ; c'est l'entourer d'une sorte de protection mystérieuse, d'un prestige qui la fait accepter sans examen et sans raison par la foule. On la croit bonne, du moment qu'elle est prohibée : l'histoire du fruit défendu est éternellement humaine.

Puis, quand cesse la prohibition, et tandis que l'idée bonne ne se soutient que par sa propre force, la mauvaise se soutient aussi, mais grâce à cette force empruntée dont elle n'aurait jamais trouvé l'équivalent en elle-même.

Ainsi le crédit dont jouissent aujourd'hui les

idées socialistes, leur vient surtout de la prohibition dont elles ont été l'objet. Le libre examen les eût mises en déroute, le vrai étant, en ce monde, toujours assuré de vaincre le faux.

Oui, toujours; car si les apparences sont parfois contraires, c'est qu'on prend la lutte elle-même pour le résultat de la lutte. Or nulle victoire ne s'obtient sans combat.

*
* *

Je le répète : Si, depuis 1848, ces théories stupides, ces attaques odieuses, ces blasphèmes, dont nous étions naguère les témoins désolés ; qui ont frappé de terreur tant de cœurs droits et généreux, qui ont indigné tous les autres; si toutes ces choses avaient pu se produire librement, en pleine lumière ; si elles avaient passé au crible d'une discussion sérieuse, et si facile! devant les masses, devant le pays tout entier, justice définitive et complète en serait faite aujourd'hui.

Il ne fallait pas les laisser cheminer sous terre et faire obscurément leur œuvre, comme ces termites, dont parlait un jour au Sénat, qu'il a présidé depuis, un célèbre et funeste orateur. Il fallait les suivre pas à pas, sur l'arène choisie par elles, au milieu des ouvriers, au milieu des paysans ; les attaquer de front et sans relâche; les démasquer ; les confondre ; ne ménager ni sa parole, ni sa plume, ni son temps, ni ses forces ; faire appel à toutes les armes de la raison : le journal, la brochure, le livre, la conférence, la réunion, l'association, la tribune, l'école, la chaire elle-même. Il fallait faire cela, et nous jugerions maintenant ce que valent contre les lois primordiales de l'humanité et les traditions vénérées de la civilisation, ces rêveries malsaines et coupables.

*
* *

Mais n'aurait-ce pas été, pour une telle entreprise, trop peu d'un seul homme? Si puissant, si résolu, si bien servi qu'on l'imagine, comment aurait-il pu se multiplier ainsi et poursuivre l'erreur en ses moindres retranchements? Comment l'aurait-il pu, en ce temps surtout, où les moyens de propagande sont si variés et si rapides?

Non, cette œuvre ne pouvait être que l'œuvre du pays tout entier. Le jour où le pays, fatigué de la lutte, a remis le soin de son salut aux mains d'un seul, ce jour-là il a renoncé à son salut. Rien pour rien, rien sans rien, c'est la loi.

Toute nation qui veut être sauvée, doit se sauver elle-même.

*
* *

Parmi les préjugés dont nous avons vécu, en voici deux bien funestes :

Ne pas s'occuper de politique;

Avoir des lois immobiles.

Ne pas s'occuper de politique : quel idéal ! C'est le rêve de tous les conservateurs, le rêve dont la réalisation a fondé la féodalité moderne, je veux dire la féodalité des préfets. Eh bien ! la première des affaires privées, celle dont dépend le succès de toutes les autres, celle que chacun de nous est le plus intéressé à bien conduire, c'est l'affaire publique. Rester indifférent à la politique, c'est renoncer à tout.

Avoir des lois immobiles : entre l'ordre moral et l'ordre physique, il existe de singulières affinités qui les confondent, à l'origine des choses, dans l'unité de la puissance créatrice. C'est ainsi que, dans l'un comme dans l'autre, la vie n'est autre chose que le mouvement. Aussi, pour la société comme pour l'homme, le *nec plus ultra* de l'immobilité, c'est la mort.

*
* *

L'isolement, voilà donc encore ce qui devait empêcher l'Empereur de réussir dans sa lutte contre le socialisme.

Or cet isolement fut une des conditions principales de sa politique. Il a voulu tout plier sous son action personnelle et directe ; il a voulu briser non-seulement les résistances, mais surtout les alliances.

* * *

En agissant ainsi avait-il l'intention vraie de détruire le socialisme ? Il en connaissait la force, il en voyait les progrès : se faisait-il la moindre illusion ?

Je supplie de croire que ces réflexions sont trop sérieuses et depuis trop longtemps méditées, pour qu'il s'y mêle, quels que soient mes sentiments intimes, une pensée amère et calomnieuse. Je désire rendre un témoignage, et non prononcer un réquisitoire.

Eh bien ! je ne crois pas que l'Empereur ait jamais voulu détruire le socialisme.

* * *

C'est la conclusion que je tire, et de ses actes mêmes, et des motifs qui ont dû nécessairement les inspirer.

Placer au-dessus de la nation l'autorité souveraine hors de toute atteinte et de tout contrôle, c'était la politique même du premier Empire. Napoléon Ier, qui l'avait suivie avec une sorte de bonne foi brutale, n'avait du moins trompé personne. Pour lui, le despotisme était un système dont la théorie n'était pas plus gênante que la pratique. Mais après le lion vint le renard. Napoléon III comprit qu'une telle entreprise n'aurait point, de sa part, l'excuse du génie; et, qu'après trente-cinq ans de régime constitutionnel, il serait, quelles que fussent les circonstances, bien difficile de faire admettre sans déguisement le despotisme impérial. Avec une science profonde et raffinée que n'aurait jamais eue son oncle, il sut dissimuler, sous le libéralisme de mots appropriés aux idées modernes, les usages et les traditions de l'ancien régime ; il put, en invoquant les principes de 1789, s'emparer d'un pouvoir presque divin. En effet, de même que, dans la nature, rien ne doit se passer sans l'ordre ou la permission de Dieu, rien désormais ne dut s'accomplir en France sans la volonté ou le consentement du prince.

Son premier soin, pour y parvenir, fut d'éloigner des affaires publiques les classes supérieures qui, depuis 1814, avaient pris part à leur conduite. Il avait à craindre qu'après quelques années de confiance et d'inaction volontaire, ces classes ne cherchassent à reconquérir leur ancienne influence. Il ne négligea rien pour se débarrasser d'elles, et, sous prétexte de les diriger et de les défendre, il les réduisit à l'impuissance.

Il brisa tous les liens qui pouvaient les unir et les rendre fortes : comités politiques, milices bourgeoises, sociétés d'assistance ou de charité, œuvres de propagande, de patronage, d'enseignement. Il ne laissa rien à leur initiative. Il les désintéressa de la politique. Il les éloigna des conseils et des charges de l'État, en n'y admettant que des hommes soigneusement triés, et d'une docilité parfaite. Enfin, pour décourager l'honnêteté de ceux dont il n'aurait pu décourager la persistance, il mit le serment à l'entrée de toutes les avenues de la vie publique.

Toutefois, il comprit aussitôt que ces classes riches, intelligentes et ambitieuses ne se résigneraient pas toujours à l'isolement et à l'oisiveté ; qu'il était nécessaire et prudent de trouver quelque chose qui les divertît et les passionnât. Il les entraîna donc, bien loin de la politique, à la poursuite des richesses. Le développement inouï des affaires industrielles, des entreprises immenses, des spéculations effrénées absorbèrent bientôt toutes les intelligences et toutes les ressources. De là, tant de fortunes scandaleuses, cette fièvre d'or énervant les âmes, ces appétits insatiables, ce luxe ridicule, et plus funeste encore que ridicule, où s'engloutit le patrimoine, et souvent aussi l'honneur de bien des familles. De là, enfin, cette indifférence de cœur et cette démoralisation qui, l'exemple venant de haut, s'étendirent rapidement et livrèrent la société française à une bande interlope d'hommes vendus et de femmes à vendre qui lui donnèrent le ton et réglèrent ses mœurs.

Voilà ce qui fut inventé par l'Empereur pour distraire et pour absorber les classes supérieures; voilà ce qui leur fit perdre l'habitude, le goût, la capacité des choses publiques; voilà ce qui finit par affaiblir en elles le sentiment de l'indépendance et de la vertu civiques, le respect du travail honnête et le souci de l'honneur national.

Mais qui donc devait profiter de cet abaissement?

Le pouvoir absolu, dressé sur ces ruines et débarrassé de ces obstacles.

Sans doute, mais après?

Après, le socialisme, pour qui l'Empire aurait fait table rase.

***

Tout intermédiaire écarté, et seul en face des classes populaires qui l'avaient acclamé, l'Empereur fit accepter son pouvoir avec d'autant plus de facilité qu'il passa le niveau sur toutes les supériorités sociales.

Le peuple a perdu le sens de la liberté; mais il a conservé le fanatisme de l'égalité.

L'Empereur put rendre ainsi l'État, c'est-à-dire lui-même, le souverain arbitre de toutes choses.

Jamais l'administration monarchique n'eut une telle puissance et n'assuma sur elle une telle responsabilité.

Et cependant autour de l'Empereur on parlait beaucoup de *décentralisation*, — un mot à la mode.

On en parlait; mais comment la mettait-on en pratique?

Exactement comme on appliquaitles principes de 1789, inscrits en tête de la Constitution : on prenait soin de faire le contraire de ce que le mot voulait dire.

On ne diminua ni la compétence ni le pouvoir de l'administration; mais on fit passer une partie de ses droits des ministres aux préfets. Il en résulta qu'en se rapprochant des sujets, l'autorité devint plus minutieuse, plus partiale, plus arbitraire. Aucun détail ne lui échappa, aucune affaire n'évita son contrôle, aucun citoyen sa surveillance. Soumise à la tutelle administrative, cette grande enfant qui s'appelle la France, loin d'être émancipée, vit multiplier le nombre de ses subrogés-tuteurs. Telle fut la *décentralisation* impériale.

Il serait fort aisé, passant en revue ce qu'on nomme les branches de l'administration, — ce vieil arbre dont le tronc est solide, les feuilles innombrables et les fruits secs, — de montrer que ces branches couvraient alors tout notre sol.

Les élections, la police, la presse, l'enseignement, l'assistance, la justice politique, les travaux publics, le gouvernement des villes, celui des départements, quelle chose pouvait échapper à leur ombre et recevoir le moindre rayon de liberté?

Les intérêts privés eux-mêmes ne pouvaient éviter le contrôle et même la direction de l'État. Caisses de retraite, sociétés de secours mutuels, assurances, compagnies industrielles, établissements financiers, sociétés savantes, l'État avait tout embrassé. Un jour il avait voulu se revêtir des insignes de la franc-maçonnerie, et tenter d'endosser l'étole de saint Vincent de Paul. Une autre fois, pour mettre la main sur la famille, il avait laissé percer le désir de devenir l'instituteur primaire universel, en rendant l'instruction obligatoire et gratuite. Plus tard n'avait-il pas cherché à se rendre maître d'atelier, comme il avait voulu se rendre maître d'école, au moyen d'une loi sur l'enseignement technique? Enfin, dès le commencement du règne, s'attribuant le droit d'exproprier pour cause d'utilité publique selon son bon plaisir, et sans le concours du pouvoir législatif, faisant de ce droit inouï l'usage abusif et désordonné que chacun sait, n'avait-il pas porté la plus grave atteinte à cet autre principe essentiel de l'ordre social, la propriété?

Voilà donc l'État omnipotent.

Or qu'est-ce que l'État ?

Alors l'État, c'était l'Empereur.

Sans doute, mais plus tard?

Plus tard l'État serait l'organe même du socialisme.

Que le socialisme triomphe, et l'instrument de son règne est prêt. On ne se fait pas faute de le publier. Déjà, aux élections de 1869, un candidat socialiste demandait au gouvernement et promettait à ses électeurs l'*expropriation pour cause d'utilité publique* de toutes les propriétés mobilières et immobilières, afin d'en faire par les mains de l'État une distribution plus équitable. Et depuis nous en avons entendu bien d'autres !

*
* *

Entrons dans le détail de la politique impériale, et cherchons quelle a été l'action de l'Empereur sur le foyer même du socialisme, sur cette foule toute prête à en accueillir les doctrines et à les soutenir par la violence.

Cette foule, il eût voulu l'armer en guerre, qu'en vérité, il n'aurait pas agi autrement qu'il ne l'a fait.

Quel a été, par exemple, le but secret des grands *travaux de Paris*, pour lesquels on a fait, au détriment des campagnes, la plus formidable concentration d'ouvriers qui ait jamais existé ; — à la suite desquels on a repoussé ces mêmes ouvriers du centre de la population, où ils pouvaient être, dans une certaine mesure, éclairés et contenus, pour les réunir en des faubourgs, modernes Aventins, où la conspiration est en permanence ?

Je laisse de côté les questions financières et administratives que soulève l'exécution de ces travaux. Elles ne sont ici qu'au second plan. Je ne prends que la question politique, et je demande : Quel en a été le secret?

L'Empereur a-t-il seulement voulu, répétant Auguste, un de ses modèles, faire d'une ville de briques une ville de marbre? Je ne le crois pas assez artiste pour un tel dessein.

A-t-il cherché à ouvrir des voies stratégiques pour combattre l'émeute? Quelques grandes lignes auraient suffi.

A-t-il voulu donner un aliment à l'esprit d'agiotage, dont la surexcitation était un de ses moyens de gouverner? Peut-être, — mais partout ailleurs qu'à Paris ce résultat pouvait être poursuivi.

A-t-il voulu accroître le bien-être matériel des classes populaires, assainir leurs quartiers, y rendre la vie meilleure? On l'a maintes fois répété en son nom. Cependant c'est dans les quartiers riches que les travaux les plus importants ont été entrepris; l'exécution des autres a eu pour effet de chasser hors barrières la population pauvre; les uns et les autres ont eu pour résultat d'élever tellement le prix de toutes choses, que si le salaire de l'ouvrier a été augmenté d'un tiers, sa dépense a été augmentée de moitié.

Quel a été le secret des grands travaux de Paris ?

Quant à leur influence politique, on a pu facilement la reconnaître en assistant aux réunions publiques.

*
* *

Quel a été le secret de la loi sur les *coalitions ?*

Certes, le droit de coalition est un droit juste et nécessaire, mais à une condition : c'est de n'être pas un droit isolé.

Que la coalition se produise au sein d'un peuple libre, d'un peuple où tous les intérêts, tous les droits collectifs et particuliers sont assurés de pouvoir se faire admettre et respecter ; que la coalition arrive comme le couronnement d'un régime économique et industriel uniquement fondé sur la liberté et la concurrence ; alors la coalition, après quelques écarts, quelques erreurs inévitables, se règle, s'organise, se contient, répudie la grève, et devient l'un des moyens les plus efficaces d'équilibrer le travail national.

Mais que la coalition ne soit qu'un privilége ; qu'on en fasse une arme de combat pour le travail contre le capital désarmé ; que, malgré la loi, elle puisse faire appel aux moyens violents, à la grève et à la grève forcée ; qu'elle n'ait pas pour contrôle et pour contre-poids le droit de discussion et d'association donné aux patrons aussi bien qu'aux ouvriers, elle devient un instrument de désordre matériel et de trouble économique.

Que la coalition soit un droit tellement isolé et tellement anormal, que les partis, n'en ayant pas d'autres, songent à en faire un moyen d'action révolutionnaire, ce n'est plus alors, ainsi que nous l'avons vu, qu'un levier formidable entre les mains du socialisme.

***

Il en est de même du *droit d'association*. Le premier, le plus nécessaire et le plus fécond des droits politiques, il en devient le plus dangereux, lorsqu'il n'existe qu'à l'état de monopole.

Quand on avait laissé s'organiser des associations ouvrières telles que la *Marianne* ou l'*Internationale* ; quand on avait secrètement favorisé leurs progrès, on croyait rassurer le pays et conjurer le péril en faisant distribuer par la police correctionnelle quelques mille francs d'amende et quelques mois de prison !

Il n'y a qu'un moyen d'empêcher le droit d'association de servir exclusivement les intérêts révolutionnaires : c'est de le donner à tous, c'est de transformer le monopole en liberté.

*
* *

Voici donc ce que l'Empereur, tout en paraissant travailler pour lui-même, a fait pour le socialisme :

Il l'a débarrassé des adversaires qui seuls pouvaient arrêter ses progrès ;

Il a préparé l'instrument de sa domination, en faisant de l'État l'arbitre de toutes choses ;

Il a, comme à dessein, pris soin de grouper ses armées et de les doter, en dehors du droit commun, de priviléges dont elles ont vite compris l'usage.

Mais élevons notre pensée. Des faits, passons aux idées. Examinons le socialisme dans son principe et dans sa philosophie. Constatons dans l'ordre moral le concours que lui a prêté l'Empereur.

*
* *

Les formules sont multiples. Toutefois, ramenées à un terme commun qui est leur terme le plus simple, elles se résument en ceci : que le socialisme est la guerre déclarée par ceux qui n'ont rien à ceux qui possèdent.

Faire sur les ruines de l'ancien monde un nivellement qui permette d'appeler tous les hommes à la jouissance égale de tous les biens : tel est le but de cette guerre ; briser les droits individuels et les lois sociales, tels sont ses moyens.

Moyens odieux, dira-t-on, mais but louable peut-être... Non, l'entreprise n'est pas bonne, car elle est chimérique, et ce qui est chimérique devient criminel en descendant du domaine de la pensée dans le domaine de l'action.

Or la contradiction du socialisme ne se trouve nulle part plus absolue, plus efficace, plus autorisée que dans la religion chrétienne. En tant que philosophie sociale, cette religion se fonde sur le respect de l'ordre établi ; elle y trouve les conditions certaines du progrès moral et matériel de l'humanité, progrès qu'elle poursuit avec tout autant de zèle, d'amour et d'abnégation que les apôtres révolutionnaires ; aussi, loin de vouloir détruire cet ordre pour le remplacer, elle cherche à le maintenir pour le rendre meilleur. Elle prêche aux hommes le renoncement et la charité ; elle dit à tous : Respectez dans vos frères la dignité de votre personne et les droits de votre nature ; ne jetez pas sur eux des regards d'envie. Pauvres de fortune ou d'esprit, soyez soumis, ayez confiance, n'oubliez pas que les misères d'ici-bas sont les richesses du ciel. Riches, songez que ce que Dieu vous a donné, vous le devez à vos semblables ; que vous êtes les ministres de ses miséricordes ; qu'il n'a réuni en vous ses trésors, trésors de l'opulence ou trésors du génie, que pour les faire fructifier et pour les répandre. Soyez doux et humbles de cœur, aimez et pratiquez la justice !

* * *

Le socialisme a bien compris que cette doctrine-là était son ennemie. Il a dirigé contre elle son principal effort. Il a tout mis en œuvre : discussion scientifique, raillerie, calomnie, violence. Il croira n'avoir rien fait tant qu'elle restera debout.

Dans cette lutte capitale, de quel côté l'Empereur s'est-il rangé ?

Oh ! il n'a pas persécuté le clergé ; loin de là ! Dans les premières années de son règne, il a fort habilement conquis ses sympathies et son dévouement. En 1848 le clergé avait repris sur le peuple une singulière influence ; quelque temps après le 2 décembre, toute cette influence était au service de l'Empereur, et ne pouvait plus désormais s'exercer contre lui. Les évêques étaient charmés, décorés, dominés.... et parfois compromis.

Oui, compromis ; car toute puissance morale qui se met au service d'un pouvoir politique, abdique aussitôt et n'est plus qu'un des instruments de ce pouvoir. Ce qui fait la force d'une Église, c'est uniquement son indépendance.

On l'a bien vu plus tard, quand a surgi la question du pouvoir temporel. A part quelques protestations éloquentes, qu'ont pu les évêques pour défendre le Pape ?

S'en prendre au Pape, s'en prendre à la constitution de l'Église, c'était ébranler la religion sur ses bases mêmes, sur ses bases historiques. Nul ne peut en douter de bonne foi.

Eh bien ! pourquoi l'Empereur a-t-il posé cette question? Pourquoi l'a-t-il laissée grandir et se compliquer, quand un froncement de ses sourcils suffisait pour faire rentrer sous terre tous les Piémontais et tous les Garibaldiens du monde? Pourquoi l'a-t-il conduite avec une duplicité si persévérante, éludant toutes ses promesses, ramenant toutes les oppositions, en arrivant à ce point que l'existence temporelle de la Papauté ne dépendait plus que de son bon plaisir, ou de sa fortune ?

Or, de cette politique, qui donc a profité, sinon les socialistes? Alors que toute autre discussion leur semblait interdite, on leur livra la question romaine. Ils purent, par cette brèche, donner l'assaut au christianisme, avec d'autant plus d'avantage qu'on eut grand soin d'entraver leurs adversaires.

Qui ne sait en effet que, pendant plusieurs années, les journaux désireux de défendre le pouvoir temporel ne purent obtenir l'autorisation de paraître ;

que, pendant le même temps, la presse hostile à l'Église fut investie d'un véritable privilége ?

Qui ne se rappelle qu'au moment où les conférences devinrent à la mode, les ennemis seuls du christianisme obtinrent la parole, et qu'on la refusa systématiquement à ses partisans, même aux protestants ?

Qui ne se rappelle le démembrement de la société de Saint-Vincent de Paul, dont la mission était de répandre, avec ses aumônes, les idées chrétiennes; dont la puissance était grande ; dont les services étaient incontestables ? Qui ne se rappelle la campagne ouverte contre elle par le *Siècle*, et terminée par le ministre de l'Intérieur ?

Qui n'a présentes à l'esprit les tentatives continues du ministre de l'Instruction publique pour escamoter la liberté de l'enseignement et la loi de 1850, pour substituer partout les écoles laïques aux écoles religieuses ?

Les résultats de cette conduite sont assez clairs : en 1848, le populaire faisait bénir ses arbres de la liberté ; aujourd'hui, il court sus aux prêtres. En 1848, la grande voix de Lacordaire dominait les bruits du monde ; vingt ans plus tard, le monde prêtait à peine une oreille distraite aux prélats de cour qui passaient des salons de l'Impératrice à la chaire des Tuileries.

Le monde ! il avait bien d'autres pensées que

celles qui élèvent l'âme à Dieu ! La littérature officielle, bien en cour et décorée, ne le ramenait-elle pas sans cesse aux choses de la terre ? Elle était tout imprégnée d'un matérialisme sensuel qui faisait de la jouissance la fin dernière de l'homme, qui promenait le scalpel d'une froide analyse sur toutes les poésies de son cœur et qui prenait ses meilleures croyances pour objet des plus misérables risées. Où étaient les penseurs et les poëtes, où étaient les historiens, où étaient les orateurs ? Les grands hommes d'autrefois, pour la plupart, étaient morts, et ceux qui s'en allaient ne laissaient personne derrière eux. La France impériale était stérile : elle n'avait pas enfanté dans la servitude. Qu'un auteur écrivît, d'une plume voltairienne, un livre bon pour des courtisanes ; qu'un autre fît une pièce en exposant sur la scène une suite d'outrages publics à la pudeur, dont une foule hébétée et dorée venait se repaître chaque soir, cela suffisait : voilà les hommes que la fortune récompensait et que couronnait la faveur impériale. Plus de fêtes sans eux, à eux tous les honneurs, rien ne leur manquait, pas même le Sénat.

A mesure que l'esprit public était abaissé, voyez monter le flot des mauvaises doctrines. Qui pouvait le contenir, si on avait renversé toutes les digues ?

*
* *

Ah ! certes, plus je réfléchis sur toute cette politique, plus j'en étudie les procédés et plus j'en pénètre le sens, moins je puis croire à la sincérité des actes de répression, violents ou légaux, qui ont été dirigés contre le parti socialiste par le gouvernement impérial. Ces actes, fussent-ils sincères, j'en ai plus haut démontré l'impuissance. Mais j'ai le droit de le répéter : ils n'étaient pas sincères. Ils n'avaient d'autre but que de donner le change à l'opinion conservatrice, de l'entretenir dans une confiance naïve et de la ramener docile aux pieds de l'autel de Jupiter Sauveur.

Dominer le socialisme, s'en servir, mais se garder de le détruire, même le favoriser en secret, telle fut, en résumé, la politique impériale.

*
* *

Cela ressort de tous les actes de l'Empereur ; cela ressort aussi jusqu'à l'évidence des motifs qui ont nécessairement inspiré ces actes.

Ces motifs, je ne les cherche pas dans ce que je puis savoir des opinions même de l'Empereur. Jusqu'à son entrée au pouvoir, c'est-à-dire jusqu'à l'âge de quarante ans, il a été socialiste comme son oncle avait été jacobin. On a dit de ce dernier qu'il était resté sur le trône un jacobin couronné. Le mot est juste, et lui-même a pris soin de le déclarer à Sainte-Hélène. Sur le trône, Napoléon III est-il demeuré socialiste ? J'estime qu'il se croyait trop supérieur aux autres hommes pour n'être pas d'une indifférence parfaite à l'égard de leurs opinions. Il poursuivait un but : les gens et les principes qui pouvaient l'aider à atteindre ce but lui étaient bons ; du surplus, il ne s'occupait guère, sinon pour l'écarter s'il y trouvait quelque obstacle. Il se servait des uns sans affection et sans scrupule, il se débarrassait des autres sans colère et sans pitié : il y avait du Louis XI dans Napoléon III.

*
* *

Je trouve ces motifs dans la nature même de l'œuvre qu'il a tentée, et dans les nécessités contemporaines qu'il a dû subir.

Cette œuvre, c'était d'élever, à son profit et au profit de sa race, un pouvoir sans contrôle au-dessus de la démocratie française ; sorte de pouvoir justement nommé Césarisme, l'entreprise ressemblant fort à celle que César et ses successeurs ont accomplie à Rome.

La foule absorbant l'homme, confisquant son

génie, sa liberté, sa conscience, lui prenant en quelque sorte sa vie propre pour la confondre dans une vie collective où toute personnalité disparaît; au-dessus de la foule, et acclamé par elle, un pouvoir souverain, qui passe incessamment le niveau sur toutes choses et comprime sans pitié les révoltes de l'âme humaine, c'est bien là la *démocratie césarienne.*

C'est aussi la *démocratie socialiste*, s'imposant et se substituant à l'individu, pensant et agissant pour lui, le pliant sous des lois inexorables.

Entre elles deux, toute la différence est dans le succès. Le césarisme, s'incarnant dans un homme, peut réussir lorsque cet homme est un homme de génie. Le socialisme, au contraire, ne bouleverse le monde qu'au nom de l'utopie dont il est l'expression; capable de tout perdre, il ne peut rien fonder.

Si le césarisme et le socialisme sont deux termes identiques, si leur principe est le même, comment la politique de l'un ne serait-elle pas aussi la politique de l'autre?

Le contraire seul serait surprenant.

*
* *

D'un autre côté, la France avait revêtu l'Empire, comme on revêt un manteau contre le froid. Disparaisse l'hiver, on écarte le manteau. Que le socialisme ait disparu, la France aurait écarté l'Empire.

Tout péril social conjuré, toute crainte éloignée, qui donc parmi nous aurait voulu du pouvoir absolu ?

Le socialisme était la raison d'être de l'Empire. L'Empereur l'avait bien compris et s'était conduit en conséquence.

* * *

Ce fut donc en vain que, pour échapper au péril social, la France s'abandonna : ce fut en vain que, saisie de peur et pleine de défaillance, la génération, qui a fait 1830 et subi 1848, déserta les croyances et les traditions de sa jeunesse ; et ce peuple, qui jadis mettait au-dessus de la gloire d'avoir vaincu l'Europe celle de l'avoir initiée à la liberté moderne, ce fut en vain qu'il se résigna à devenir le moins libre et le moins éclairé des peuples ; ce fut en vain qu'il se courba sous le sceptre d'un maître, tandis que tout autour de lui des gouvernements représentatifs se fortifiaient et se fondaient, même en Italie et même en Autriche ; ce fut en vain.

L'Empereur n'a pas tenu ses engagements, il n'a pas pu et même il n'a pas voulu les tenir.

De tous les faits contemporains devait ressortir

pour tout homme de bon sens et de sang-froid la conviction que le péril social, loin d'être conjuré par l'Empereur, qui s'en était chargé, devenait de plus en plus redoutable, et qu'un jour viendrait, — jour éloigné peut-être, mais jour certain, — où le socialisme, plus fort que l'Empire, se débarrasserait de lui après l'avoir fait vivre et après en avoir vécu, prêt à accomplir son œuvre de ruine et de mort, au milieu d'une nation désarmée et abêtie par le despotisme.

*
* *

Voilà pourquoi, mes amis et moi, nous n'avons pas accepté l'Empire. Voilà pourquoi nous avons toujours dit : NON. Voilà pourquoi nous nous sommes séparés de la plupart des hommes de notre temps, de notre éducation, de notre monde ; nous conservateurs, nous chrétiens, nous serviteurs désolés de notre pays, nous restés fidèles à sa grande tradition nationale !

Le blâme, les reproches; les railleries, certes, ne nous ont pas manqué. Nous suivions d'un œil inquiet les événements dont nous mesurions la portée, — on doutait de notre intelligence. Nous nous condamnions au silence et à l'obscurité, — on doutait de notre bonne foi, on nous accusait d'ambition jalouse et mécontente. Nous considérions avec angoisse l'avenir réservé à notre chère France, — on doutait de notre patriotisme et on nous reprochait de tout sacrifier à l'esprit de parti.

On nous disait sans cesse : Mais si vous renversiez l'Empereur, que mettriez-vous à sa place ?

Nous répondions : la France !

*
* *

La France, qui n'est pas une échappée du Bas-Empire ! La France qui était naguère une nation vivante, intelligente et libre. La France, qui devrait être assez mûre, assez sage, assez forte pour faire ses affaires elle-même, et n'avoir besoin de tuteur que si elle retombait en enfance. La France, qui est du dix-neuvième siècle, et qui a fait le dix-neuvième siècle !

Si vous vouliez qu'elle survécût à ses ennemis et triomphât de la révolution sociale, que ne lui rendiez-vous l'arme des nations viriles, — la liberté ?

La liberté, non pas des libertés ; non pas de ces concessions précaires qu'un caprice accorde, qu'un caprice reprend ; que leur isolement rend dangereuses et leur instabilité stériles. La liberté ? c'est-à-dire le droit, — non, pas le droit, le DEVOIR, — le devoir pour chaque Français de s'inquiéter de la chose publique, de descendre dans l'arène où elle se débat, d'y faire prévaloir ce qu'il croit être utile et sage, d'instruire ses concitoyens, de s'éclairer lui-même, de concourir enfin de toutes ses forces, de toute son intelligence et de tout son cœur au triomphe de la justice et de la vérité.

Autrefois, lorsque les peuples s'étaient pris de querelle, les rois seuls combattaient, et le vaincu entraînait les siens dans sa chute. Aujourd'hui ce sont les peuples qui combattent; seuls, ils remportent la victoire et subissent la défaite.

Il en est de la politique comme de la guerre. Les œuvres politiques ne sont plus des œuvres de princes, elles sont des œuvres de citoyens. Chacun doit se rendre capable de les accomplir, et pour chacun, on ne saurait trop le répéter, ce n'est pas seulement un droit, c'est surtout un devoir.

* * *

La France a failli périr pour avoir méconnu ce devoir. Elle l'a méconnu en 1848, elle l'a méconnu en 1851, elle l'a méconnu lors du plébiscite du 8 mai 1870.

Depuis quelques années nous pouvions espérer qu'elle comprendrait enfin son erreur et sa faute; qu'elle s'apercevrait qu'en s'abandonnant à l'Empereur, elle avait préparé l'avénement du socialisme. Nous pouvions espérer qu'il ne serait pas trop tard pour revenir en arrière, et pour restaurer le gouvernement national du pays par le pays.

Nous avions compté sans l'Empereur.

Il ne devait pas si facilement renoncer aux rêves de toute sa vie et se démettre d'un pouvoir qu'il avait eu tant de peine à conquérir.

Pour s'emparer de ce pouvoir, il avait profité des terreurs de la France ; pour le ressaisir, au moment où il pouvait le croire près de lui échapper, il devait lui suffire de renouveler ces terreurs et d'en abuser encore.

Telle est, en deux mots, l'histoire de la crise que l'Empire a traversée l'année même de sa chute, et dont il serait sorti plus fort et plus populaire que jamais, si la guerre étrangère ne l'avait presque aussitôt emporté.

Méditons cette histoire. Elle est pleine d'enseignements. Elle contient et la confirmation de tout ce qu'il faut penser de la politique impériale, et le gage certain de l'avenir que cette politique réservait à notre pays, de l'avenir qu'elle lui réserverait encore, si jamais nous consentions à la subir de nouveau.

DEUXIÈME PARTIE

Après quelques années de tranquillité matérielle, pendant lesquelles aucune émeute, aucune manifestation turbulente, aucune menace extérieure n'avait troublé l'ordre régimentaire établi partout, la France paraissait complétement rassurée sur l'imminence d'une révolution sociale. A peine si de temps à autre quelques rumeurs discordantes s'échappaient du milieu de ce qu'on affectait d'appeler les anciens partis ; encore, ces rumeurs, les considérait-on plutôt comme des jeux d'esprit que comme des actes politiques. L'Académie française semblait avoir le monopole de cet innocent exercice.

Soit qu'à cette époque le gouvernement s'abusât lui-même sur son influence et prît pour de la soumission le silence du parti socialiste, soit plutôt qu'il crût de son intérêt de déguiser une situation qu'il devait connaître à merveille, il entretenait avec soin la confiance publique. Se félicitant lui-même d'être aussi libéral qu'il était fort, il essayait, pour mettre la dernière main à l'édifice constitutionnel, d'ouvrir et de fermer tour à tour certaines fenêtres, par où le peuple devait entrevoir la liberté.

Or, malgré les précautions prises, c'est-à-dire malgré l'appareil électoral aussi puissant que savant dont l'établissement et l'entretien étaient presque toute la politique intérieure, il arriva que, par ces fenêtres entr'ouvertes, certains hommes se glissèrent d'un autre âge et d'un autre esprit. Ils ne furent d'abord que cinq. Aux élections de 1863, ils se trouvèrent une vingtaine. Cela suffit pour tout compromettre.

En effet, à mesure que le pays s'était rassuré, il s'était ennuyé. Ce fut pour lui d'abord une distraction, puis un plaisir de prêter l'oreille aux discours de ces gens qui parlaient la langue parlementaire d'autrefois. Plus il se sentait prêt à tout céder, plus il était content de rire et de médire de son gouvernement. Il souffle toujours en France quelque vent de Fronde. On obéit, mais on raille. C'est une manie aussi vieille que peu dangereuse, lorsque le pouvoir a la sagesse d'en prendre son parti. Le gouvernement impérial eut le grand tort de s'en offusquer et de ne jamais consentir à faire la part des rieurs. Il donna de la sorte, aux premières attaques dont il fut l'objet, une importance que, dans l'état de l'opinion, elles ne semblaient pas devoir comporter.

A peine formée d'ailleurs, l'opposition eut beau jeu ; elle put tirer grand avantage de certaines fautes et de certains souvenirs. Le désordre des finances, les travaux de Paris, l'expédition du Mexique, Sadowa, lui servirent à démontrer les inconvénients du pouvoir personnel, et l'utilité pratique des libertés perdues.

Elle fut infatigable ; quelques hommes tinrent tête à tout un État. Toujours écrasés par le nombre, ces quelques hommes ne cessèrent de renouveler le combat. Leur influence ne tarda pas à grandir. Beaucoup de gens qui d'abord n'avaient fait que se divertir d'un spectacle intéressant, finirent par se laisser prendre au jeu des acteurs. Un parti libéral se forma, composé de ceux qui, fidèles à leurs idées d'autrefois, mais découragés par leur impuissance, se tenaient à l'écart depuis 1851, et de ceux qui, nouveaux venus dans la vie, sentaient alors s'éveiller en eux les ardeurs du patriotisme. On mit de côté beaucoup de rancunes, on mit en commun beaucoup d'espérances ; et dans les journaux, dans les livres, dans les salons, dans les sociétés savantes, dans les réunions électorales, on s'efforça de rendre au pays le goût et l'habitude de la liberté publique.

Des succès remportés dans des élections partielles furent enfin l'indice sérieux d'un mouvement d'opinion considérable, et le présage d'une victoire relative aux élections générales de 1869.

*
* *

La chose étant possible, l'Empereur prit ses mesures. Il n'inventa rien, je le répète, et crut suffisants pour sauver l'Empire les procédés à l'aide desquels il l'avait établi.

La France ne devenait libérale, que parce qu'elle était rassurée. Pour la rejeter dans les bras du pouvoir personnel, il fallait simplement renouveler ses inquiétudes.

Toutefois cela même n'était pas très-aisé. La difficulté ne venait pas de la nécessité de changer de langage, et de remplacer les triomphantes déclarations des années passées, par des paroles répandant l'alarme : c'était là jeu de ministres. Elle ne tenait pas non plus d'un raisonnement bien simple qu'on aurait pu se faire, en se demandant si le pouvoir personnel serait bien en état de lutter à l'avenir contre la Révolution lui, qui, pendant vingt ans, armé de la toute-puissance, n'avait pas su la vaincre : la peur ne raisonne pas. La difficulté venait du parti libéral, dont il fallait détruire l'influence renaissante, et que l'on savait très-clairvoyant, très-instruit par une longue et triste expérience, très-décidé à la lutte. Aussi fallut-il dix-huit mois pour le réduire, non par force mais par ruse.

*
* *

Je me rappelle encore dans quelle agitation était lorsque je rentrai à Paris en novembre 1868, le *Spectre Rouge*, ce pantin que, bien à tort, hélas! je croyais hors de mode et relégué dans le magasin aux accessoires de l'éloquence de M. Rouher. Chacun tirait les ficelles. On venait de rendre à mes concitoyens une liberté isolée, bien moins dangereuse, il est vrai, que la liberté isolée de la grève, mais bien plus effrayante pour ceux qui ne la trouvaient pas grotesque : la liberté de réunion. Le gouvernement la mettait alors sans réserve à la disposition de qui voulait en user.

Et le parti socialiste en usait!!!

Il en usait pour rendre à l'Empereur tout le bien qu'il en avait reçu. L'Empereur aurait eu mauvaise grâce d'accuser d'ingratitude ce parti, qui servait alors sa politique avec une ardeur sans pareille, avec un plein succès.

Ce concours fut si naïf qu'on aurait pu y voir le résultat d'un calcul profond, né de la conviction que la liberté, restaurée en France, y détruirait à coup sûr les idées socialistes, tandis que le pouvoir personnel conservé les y développerait, même malgré lui. Mais la ridicule médiocrité des hommes qui se hissèrent alors à la tête du socialisme, les protége contre une telle supposition.

*
* *

Cette révolution, que le pays croyait naguère si bien étouffée, s'affirmait donc en toute licence et à grand fracas, dans les clubs, dans les grèves, dans la presse, dans les associations d'ouvriers, dans le prétoire même des tribunaux.

Cependant l'époque fixée pour les élections générales s'approchait, et le gouvernement tenait une singulière conduite. Changeant de langage et d'attitude, perdant cette sérénité magnanime qu'il affectait depuis si longtemps dans les discours du trône et les harangues ministérielles, il paraissait ému et se disait inquiet. — Puis, au lieu d'étouffer ces doctrines scandaleuses qui le troublaient si fort, mais qui sans lui peut-être n'auraient pas franchi les limites des repaires enfumés où il les laissait se produire, il leur faisait donner par des journaux de Paris et des départements, une publicité considérable; il en composait de petites brochures, d'une lecture facile et d'une distribution commode, qu'il répandait à flots dans la province ; il les faisait discuter par ses agents, et condamner avec solennité du haut de la tribune sénatoriale.

Mieux encore : à propos d'une souscription qui pouvait être inoffensive, en décembre 1868, un petit ministre qui faisait rage, déploya dans les rues un appareil formidable contre des émeutiers problématiques et démasqua un affreux complot, dont les auteurs furent amnistiés avant d'être tout à fait découverts.

*
* *

Certes il n'en fallait pas tant.

L'opposition libérale eut beau protester contre ces manœuvres et en dévoiler l'origine et le but : elle y usa son crédit et sa peine. Dans beaucoup de départements, on perdit confiance dans ses idées on rendit ses chefs responsables du gouvernement compromis et de l'ordre ébranlé; les mieux disposés sentirent leur courage faiblir; les incertains retournèrent en hâte se cacher dans le giron administratif.

*
* *

La lutte électorale s'ouvrit au milieu de ce désarroi. Le gouvernement s'y jeta, armé de toutes pièces, poussant ses hommes, et combattant ses adversaires, par tous les moyens.

A l'heure suprême, un dernier secours lui vint encore des socialistes ; il l'accepta de grand cœur; je ne jurerais pas qu'il ne l'ait provoqué.

Non contents de combattre dans tous les colléges, et de faire échouer partout où cela leur fut possible, les candidats de l'opposition libérale, ces grands politiques organisèrent dans Paris même des manifestations grotesques et bruyantes qui se terminèrent par des coups de bâton. Ces coups de bâton ne tombèrent pas tous sur le dos des émeutiers ; ils tombèrent sur celui d'un grand nombre de candidats libéraux, dont l'insuccès ne peut être attribué qu'à la terreur, ou même au dégoût que ces forcenés répandirent en France.

Les candidats officiels l'emportèrent dans la plupart des départements ; presque tous les membres de l'ancienne majorité furent réélus et la composition du Corps législatif ne fut pas sensiblement modifiée.

*
* *

Les élections de 1869 étaient donc incontestablement une victoire pour l'Empereur.

Toutefois, si certaine que fût cette victoire, elle était loin encore d'être décisive.

En effet, d'une part, plusieurs députés hostiles étaient parvenus, quelques-uns avec éclat, à forcer les portes de la Chambre, pour y grossir les rangs de l'opposition.

D'autre part, — chose plus grave, — on avait vu se grouper en face des candidats heureux du gouvernement, une minorité imposante, ne comptant pas moins de trois millions deux cent mille suffrages, et pouvant, aux élections suivantes, devenir elle-même une majorité.

Si le présent était assuré, l'avenir ne l'était pas, et la victoire numérique dissimulait peut-être une défaite morale.

***

L'Empereur ne se fit pas d'illusions; il résolut de poursuivre à outrance le parti libéral sans lui donner le temps de se reconnaître et de se reconstituer. Bien décidé à en avoir raison, ne devait-il pas chercher à tirer tout l'avantage possible des inquiétudes jetées dans le pays, des dissentiments semés dans l'opposition, du concours efficace apporté par l'agitation socialiste?

Un politique vulgaire eût agi comme tant d'autres qui n'ont jamais su opposer que le dédain et la force légale à des demandes de réforme, si légitimes et modérées qu'elles fussent, sauf à venir ensuite échouer contre une révolution, ou se réfugier dans un coup d'État.

L'Empereur, paraissant s'écarter de la scène politique, eut l'habileté singulière d'amener le parti libéral à s'user lui-même et à se déchirer de ses propres mains.

*
* *

Au lendemain des élections, la France ne s'attendait guère à voir un grand mouvement se produire dans le sein d'une Assemblée qu'elle venait de nommer pour reprendre le rôle modeste et pacifique de ses devancières.

Quelques-uns des rares députés d'opinions modérées que le parti libéral avait envoyés au centre gauche, s'étaient réunis pour formuler dans un programme leurs idées et leurs espérances.

Ce programme à peine publié, un grand nombre de députés de la majorité, connus depuis longtemps pour leur dévouement à la politique du Deux Décembre, des amis particuliers de l'Empereur, des officiers de sa cour, venaient inopinément mettre leur signature à côté de celles de leurs collègues, et demander avec eux des réformes que, depuis vingt ans, ils avaient systématiquement repoussées.

Faut-il croire, ce qu'on dit alors, que, n'ayant pu se faire nommer sans se donner pour plus libéraux que les candidats de l'opposition, ils avaient des promesses à courte échéance à tenir envers leurs électeurs? Ou bien avaient-ils reçu quelque mot d'ordre mystérieux?

Dans leurs rangs se plaçait un homme politique qui fut bien accusé, bien calomnié sans doute. — Je renonce à le juger, car je renonce à le comprendre. — Mettant une parole éminente et un véritable savoir au service d'une grande ambition et d'un orgueil plus grand, peut-être, dans sa naïveté que son ambition même, M. Emile Ollivier sortait tout à coup de l'isolement où le laissaient naguère et ses électeurs et ses collègues. Aussitôt après un scrutin où son nom n'avait réussi, dans un collége éloigné, qu'à la condition d'être celui d'un candidat officiel déguisé, il devenait un personnage nécessaire, parmi ces députés qu'il avait si longtemps combattus.

Qui lui méritait cette fortune? C'était, pour les uns, d'être resté libéral en cessant d'être révolutionnaire; pour les autres, d'être devenu dynastique, quoique libéral.

La fréquentation du parti socialiste, auquel il avait dû ses premiers succès, l'avait en effet éclairé sur les desseins et sur la force de ce parti, sur les périls et les désastres dont il menaçait la société française. Il se rendait également un compte exact de l'impuissance du pouvoir absolu, qu'il n'accusait pas de complicité, mais d'aveuglement. Il croyait la liberté seule capable de sauver l'avenir; il avait en elle une foi sincère et entière ; il l'aimait passionnément et la voulait servir. Mais, tandis que ses anciens collègues de l'opposition, fidèles à la même conviction, plaçaient toujours la liberté trop haut pour la supposer compatible avec les institutions impériales, lui, depuis quelques années, ne la comprenait plus séparée de l'Empire. Il partageait l'opinion d'une foule de gens, qui, tout en éprouvant quelques aspirations libérales, redoutaient sur toutes choses une commotion politique ; il estimait que ce sentiment était celui de la grande majorité des Français ; qu'il fallait en tenir compte, le diriger, et obtenir ainsi de l'Empereur qu'il prêtât à la restauration de la liberté un concours nécessaire.

Ce concours, d'ailleurs, il se flattait de l'avoir ; il y travaillait de longue main. Un autre peut-être se fût laissé décourager, ou éclairer, par sa mésaventure du 19 janvier, qu'il venait de raconter dans un livre... ; plus la tâche était difficile, et plus il s'y dévouait, et moins il doutait du succès.

L'Empereur avait toujours mis une certaine coquetterie à l'entretenir dans cette confiance. Il se prêtait de bonne grâce à cette intrigue florentine. Italien d'instinct, sinon de race, il ne lui déplaisait pas de se mesurer avec cet autre Italien de fantaisie, sûr, quand il le voudrait, de lui donner le coup de grâce.

L'Empereur le connaissait donc à merveille. Lors

qu'en juin 1869 il résolut de poursuivre sans relâche le parti libéral et d'en finir avec lui, il comprit aussitôt de quelle utilité pouvait être un tel allié.

Grouper autour de cet allié les députés fidèles qui circonvenaient déjà leurs collègues du centre gauche, et lui faciliter la création d'un nouveau parti constitutionnel dont le dévouement serait plus certain sans doute que le libéralisme, c'était en premier lieu placer dans un complet isolement les membres de l'ancienne opposition de gauche, tenus désormais pour trop séditieux par les libéraux, et pour trop modérés par les socialistes ; c'était ensuite ôter au programme des députés du centre, devenu le texte même de la fameuse interpellation des Cent-seize, toute apparence hostile, lui donner le caractère d'une supplique dont le souverain pourrait accepter les conclusions en toute dignité et en toute sécurité. Tel était le résultat que l'Empereur voulait d'abord obtenir.

***

Le pays, en général, avait été plus troublé que satisfait par l'interpellation des Cent-seize. Fatigué de la lutte électorale, mal remis de ses émotions, s'exagérant d'autant plus la puissance du parti socialiste qu'il l'avait plus longtemps méconnue, il ne se souciait plus de modifier ses institutions intérieures. Cependant en voyant quels hommes avaient signé la demande d'interpellation, il se rassurait, il attendait avec curiosité, sinon avec intérêt, l'issue de l'aventure, et croyait que l'Empereur s'en tirerait avec quelques phrases banales et polies, protestant du libéralisme éprouvé de son gouvernement et faisant tomber sur les *anciens partis* la responsabilité des mesures rigoureuses que le vote populaire lui faisait un devoir de maintenir.

La surprise du pays fut donc égale à la joie de M. Emile Ollivier, lorsqu'on put lire au *Journal officiel* la proclamation impériale du 12 juillet 1869.

L'Empereur, allant bien au delà de ce qui lui était demandé, rompait absolument avec le passé ; il sacrifiait ses idées les plus chères, ses principes les mieux établis, ses préjugés même les plus invétérés ; il éloignait M. Rouher ; il se faisait souverain constitutionnel ; il en parlait le langage. C'était saint Paul sur le chemin de Damas !

Que de gens en effet crièrent au miracle, avec M. Emile Ollivier, et s'élevèrent contre les sceptiques auxquels une conversion si parfaite et si soudaine laissait quelque défiance ; qui niaient la possibilité d'un tel phénomène moral, et ne pouvaient croire qu'un homme de l'âge, de l'expérience, de la ténacité de l'Empereur, voulût ainsi dépouiller le vieil homme et recommencer à vivre !

« *Ce bloc enfariné ne me dit rien qui vaille!* »

Ce fut là ma première impression. Peu de mes amis la partagèrent.

* * *

Quand son cheval s'anime, le cavalier malhabile tire sur les rênes ; l'animal se cabre et se renverse, ou bien, trouvant un point d'appui dans la résistance même qu'il éprouve, il s'emporte. Le bon cavalier lâche tout : son cheval s'élance ; mais bientôt il hésite et puis se laisse ramener. On peut le châtier alors, il est dompté.

L'Empereur est un excellent cavalier. Ce qu'il eût fait à sa monture, il le fit à la France libérale. Il comprit qu'il ne pouvait la maîtriser en la retenant : il lâcha tout.

* * *

Il y eut comme un éblouissement pour les libéraux. Dans leur pensée, une révolution pacifique venait de s'accomplir ; une ère nouvelle s'ouvrait, et la France rentrait en possession d'elle-même. Et chacun d'apporter ses idées, ses projets, ses offres de service ; chacun de préparer des combinaisons ministérielles ou des cabales parlementaires. Tous ceux que l'Empire avait jusqu'alors traités en ennemis, se crurent positivement les maîtres. Ceux qu'il avait favorisés, poussèrent des cris de détresse : les militaires remirent leur sabre au fourreau, les fonctionnaires firent leurs malles, les courtisans s'étudièrent, en gémissant, à redresser leur échine.

Dans la Chambre, la vieille majorité, restée sur les bancs de la droite, ne sut trop d'abord que penser; elle s'attendit à tout, prête à tout accepter. Les signataires de la demande d'interpellation, du centre droit au centre gauche, ne firent pas mystère de leur satisfaction ni de leurs espérances. La gauche garda le silence.

*
* *

L'Empereur cependant s'acquittait à merveille du rôle qu'il avait choisi ; c'était du reste un vieux rôle, celui-là même qu'il avait joué de 1848 à 1851. Il semblait devenir indifférent à toutes choses, ne demandant qu'à transmettre en paix sa couronne à son fils; s'en remettant pour le reste à ceux qui représenteraient le mieux l'opinion ; paraissant fatigué; laissant dire qu'il était malade, qu'il était vieilli, que sa volonté devenait vacillante, que sa faveur était au plus habile, ou, plutôt, au dernier parlant.

Les uns tremblaient que sa main ne faiblît; les autres le louaient d'avoir compris que le pouvoir personnel n'était plus de mise, et que seule la liberté pourrait affermir sa dynastie.

L'Empereur néanmoins ne se hâtait pas de mettre son programme à exécution... Mais il y avait tant de formalités à remplir; mais il était si nécessaire de se recueillir, de préparer la transition, de ménager les intérêts engagés, d'éviter une secousse trop brusque. D'ailleurs, le but clairement indiqué, pouvait-on manquer de l'atteindre?

Et la Chambre fut prorogée.

Excellent moyen de calmer les ardeurs trop grandes des premiers jours.

Un grand nombre de députés comprirent qu'il y avait entre les promesses de l'Empereur et cet ajournement une contradiction fâcheuse; ils en murmurèrent ouvertement : trois mois plus tard, quand M. de Kératry voulut traduire ces murmures en un acte sérieux, il fut seul... L'absence et le temps avaient fait leur œuvre.

***

Mais l'absence des députés ne devait pas empêcher l'Empereur de tenir ses engagements. Quel impie eût osé le croire et quel téméraire le dire?

Toutefois il en confia l'exécution à de singuliers mandataires ; pas un qui n'eût intérêt à les éluder, pas un qui n'eût été le collègue ou le disciple de M. Rouher.

On expliquait cela en disant qu'à côté de la constitution à réformer, il y avait les pouvoirs des députés à vérifier, et que les candidats heureux du gouvernement avaient besoin, pour défendre leur élection, des ministres qui les avaient fait élire.

« Il faut bien vivre, » disait à un ministre d'autrefois certain écrivain pour justifier certains scandales. « Je n'en vois pas la nécessité, » répondait le ministre.

Au mois de septembre « on fit voter » par le Sénat un sénatus-consulte consacrant en principe les promesses du 12 juillet.

A vrai dire, ce document admettait à peu près toutes « les libertés nécessaires » : la responsabilité des ministres, et leur entrée dans les Chambres; l'initiative des lois, le droit d'amendement, celui d'interpellation rendus aux députés; le vote du budget par chapitres, et le rôle du Sénat borné à l'exercice du *veto* constitutionnel. Il eût fallu être bien exigeant pour n'être pas satisfait.

Chacun d'applaudir... La révolution pacifique était accomplie en principe;

Mais en fait?

*
* *

En fait..., il y avait toujours les pouvoirs des députés à vérifier.

Ce qui fit qu'on resta deux mois encore, de septembre à novembre, sans les réunir.

Ils s'assemblèrent enfin, mais combien différents déjà de ce qu'ils étaient au mois de juillet ! Les Cent-seize divisés en deux cabales, en face d'eux les chefs de l'ancienne majorité songeant à conserver le pouvoir, solidement unis et déterminés à la lutte.

On essaya ses forces pendant la vérification des pouvoirs : la droite fut victorieuse dans presque toutes les rencontres.

* * *

On avait si bien attendu que, le 2 janvier 1870, lorsque l'Empereur parut se décider à constituer enfin le cabinet parlementaire qui devait inaugurer le nouveau régime, ce cabinet ne pouvait plus compter, dans la Chambre, sur l'appui presque unanime qu'il y eût trouvé six mois plus tôt. Loin de là, il voyait ses partisans, déjà divisés et incertains, placés en face d'une opposition en apparence plus impérialiste que l'Empereur, assez forte pour prendre le pouvoir au premier mot qu'on lui dirait ou qu'on lui ferait dire.

Pour renverser son ministère à point nommé, l'Empereur n'avait qu'à conserver cette Chambre.

Quant à M. Ollivier, sa joie était sereine et sa

confiance imperturbable. Il croyait tenir l'Empereur et se servir de lui pour fonder en France la liberté.

*
* *

Cette confiance était d'ailleurs excusable, car l'unanimité qu'il ne rencontrait pas dans la Chambre, il la trouvait réellement dans le pays. L'opinion est ainsi faite que le succès l'entraîne toujours. Hésitante quelques semaines auparavant, elle acclamait les nouveaux ministres. On peut dire que jamais cabinet ne fut plus populaire le jour de son avénement. Les adversaires les plus déterminés de l'Empire se taisaient dans une attente patriotique. Les antidynastiques s'avouaient ministériels. Ceux dont l'opposition avait été moins résolue, étaient pris d'une sorte de délire; ils se pressaient, qui dans les salons, qui dans les antichambres de ces ministères, autrefois les leurs; ils y traînaient à leur suite une foule de jeunes partisans, fatigués d'une retraite précoce, et pour lesquels on n'aurait pu créer trop de places ni trop de sinécures. On se ruait à l'émargement, au grand scandale des braves gens, qui, sans tant de cérémonie, avaient depuis longtemps vécu des deniers publics.

*
* *

Les discours des nouveaux ministres répondirent à l'attente générale. Ils affirmèrent hautement leur programme, rompirent avec le passé de l'Empire, et firent appel à tous les dévouements pour fonder la liberté.

On les vit même, dans une séance mémorable, déclarer que, pour l'avenir, ils renonçaient au système des candidatures officielles.

Renoncer à cela, c'était renoncer à l'exercice du pouvoir personnel, dont la politique à l'intérieur n'avait été, je l'ai déjà dit, qu'une longue manœuvre électorale. C'était donner un gage indéniable de leur force et de leur sincérité. C'était rendre au pays le gouvernement de lui-même.

Parmi les plus défiants beaucoup n'y tinrent pas. J'avoue que, ce jour-là, j'ai eu la joie et la faiblesse de croire le gouvernement parlementaire restauré.

*
* *

Tout cela, c'était des paroles !.... L'Empereur attendait les actes. Il fut merveilleux d'habileté.

Après les déclarations de M. Daru, après les discours de M. Ollivier, la logique la plus claire, la nécessité la mieux démontrée commandaient deux mesures immédiates :

Dissoudre la Chambre ;

Changer tout le personnel politique et administratif.

Il était puéril de chercher un appui dans une Chambre qu'on flétrissait dans ses origines par le fait même de la condamnation des candidatures officielles, et dans laquelle il y avait une majorité notoirement attachée aux souvenirs et aux pratiques du pouvoir personnel.

Il était parfaitement imprudent de confier la mise en œuvre d'une politique nouvelle à des hommes honorables sans doute, expérimentés sans doute, intéressants peut-être, mais n'ayant ni le sens ni le goût de la liberté.

Compter sur ces fonctionnaires, compter sur ces députés, c'était en vérité trop compter sur l'inconsistance, sur la faiblesse, sur la servilité. Mauvaise toujours et, par bonheur, souvent fausse, est la politique qui prétend conduire les hommes par les pires côtés de leur nature.

La Chambre dissoute, le personnel renouvelé, la liberté pouvait, en effet, être fondée..... *fondée*, quatre-vingts ans après 1789 ! — Sinon, non.

*
* *

L'Empereur le savait bien ; et c'était là précisément qu'il avait résolu d'arrêter ses ministres.

Il leur fit entendre que les députés de la droite lui étaient personnellement dévoués ; qu'ils se feraient un devoir de ne pas entraver une politique désormais nécessaire à l'affermissement de la dynastie; qu'il était inutile de jeter le pays dans de stériles agitations, et de fournir aux partis extrêmes une occasion nouvelle de s'affirmer et d'agir. L'Empereur se porta garant du concours de la Chambre, et prit sur lui de donner aux députés de la majorité, réunis dans ses salons, l'assurance formelle qu'ils ne seraient pas renvoyés devant leurs électeurs.

Il fit de même pour les fonctionnaires : pourquoi sacrifier tout un personnel admirablement dressé, et tout dévoué aussi à la dynastie? On ne trouverait pour le remplacer que des gens attachés aux anciens gouvernements, et qui n'accepteraient de servir l'Empereur que pour renverser l'Empire. Il suffirait d'appeler à des fonctions équivalentes à celles qu'ils quitteraient, quelques préfets, les plus compromis dans les dernières élections, et d'établir entre les autres une sorte de roulement qui les éloignerait des départements mécontentés par eux ; cela leur permettrait de changer d'allures sans trop de difficulté ni de contradiction.

On a peine à comprendre comment des hommes de l'intelligence et de l'expérience des ministres du 2 janvier purent se payer de pareilles raisons et ne pas poser de suite devant l'Empereur la question de cabinet. Pas de gouvernement parlementaire possible sans une majorité confiante, et sans des collaborateurs dévoués. Mais non ! par faiblesse, par crainte de compromettre le succès de leur plan politique en entrant en lutte avec le chef de l'État, les ministres acceptèrent une situation qui, de fausse et ridicule, devait finir par être intolérable.

Ils eurent d'abord à compter avec la coalition sourde, timide, mais implacable, des fonctionnaires de tout ordre et de tout rang, qui, se croyant menacés dans leur avenir, ne désiraient qu'une chose : l'avortement de la tentative parlementaire, et cherchaient dans l'entourage de l'Empereur le mot d'ordre de la défection.

Tout d'abord aussi, les députés de l'extrême droite leur refusèrent leur concours, et ne leur dissimulèrent pas le désir qu'ils avaient de s'unir, à un moment donné, à ceux de la gauche pour les renverser. Où ces députés puisaient-ils tant d'audace? Aux Tuileries, chez l'Impératrice ; au Luxembourg, chez M. Rouher. En se révoltant, ces gens qui, pendant dix-huit ans, n'avaient su qu'obéir, obéissaient encore.

*
* *

Puis un événement inouï, véritable malédiction du ciel, tomba sur ces malheureux ministres et les mit aux prises avec tous leurs adversaires à la fois. Je veux parler du crime d'Auteuil, du meurtre d'un méchant écrivain par un prince de grande route; crime qui, en quelques heures, mit en ébullition toutes les passions révolutionnaires dans la capitale, et, par suite, toutes les passions réactionnaires dans la Chambre.

En un clin d'œil, socialistes et bonapartistes furent debout, sonnant la charge, les uns sous prétexte de renverser l'Empire, les autres sous prétexte de le sauver, et, comme l'année précédente, à l'époque des élections, mais avec plus d'ensemble, avec plus d'expérience, avec plus de succès, unissant leurs mains pour étrangler la liberté.

Le pays avait accueilli avec défiance le programme des Cent-seize, avec embarras la proclamation du 12 juillet, avec enthousiasme le ministère du 2 janvier; il reprit bientôt ses terreurs, rendues plus grandes par la confiance même qu'il avait eue un instant dans le cabinet libéral.

Pauvre cabinet! il employa tout un mois à faire

arrêter Rochefort et à faire taire Cassagnac. Au bout de ce temps, l'un était plus populaire, et l'autre mieux en cour !

Contraint de s'appuyer tantôt sur la gauche et tantôt sur la droite, selon qu'il avait besoin d'être libéral ou conservateur, il fut condamné à une politique de bascule indécise, précaire, contrecarrée par ses propres agents, et combattue par des adversaires de jour en jour plus nombreux et mieux disciplinés.

Aussi ne put-il pas faire grand'chose. S'il avait été libre de parler, il ne le fut pas d'agir. Un projet de loi sur la presse, un autre sur les conseils généraux, c'était à peu près tout ce qu'il avait pu tirer du vaste arsenal de ses programmes, lorsqu'il se trouva placé tout à coup en présence d'un dernier obstacle, sur lequel il ne devait guère compter.

*
* *

A voir les embarras de ses ministres, et l'agitation du parti révolutionnaire, et la frayeur de la masse conservatrice, l'Empereur jugea que l'heure était venue de rassembler les rênes et de maîtriser la France libérale.

Il le fit doucement, sans se hâter, sans même dévoiler sa pensée, sans cesser d'être pour ses ministres le plus affable des souverains, et, pour son peuple, le plus débonnaire des princes. Ah! certes, son libéralisme, il l'aurait affirmé toujours, et, si jamais il nous avait fait passer sous le knout, ç'aurait été sous un knout libéral.

Ce qu'il demanda parut d'abord fort simple et de peu de conséquence.

Le sénatus-consulte, qui avait consacré, au mois de septembre, les réformes annoncées le 12 juillet, laissait dans le texte de la constitution quelques obscurités et quelques contradictions ; il était nécessaire de les faire disparaître ; en outre il semblait urgent de rendre au domaine législatif certaines matières, telles que la nomination des maires, qui se trouvaient encore être du domaine constitutionnel.

Pour ce travail l'Empereur voulut adjoindre à ses ministres, seuls responsables, un étrange collaborateur, M. Rouher. Mais M. Rouher étant président du Sénat, les ministres trouvèrent juste de l'admettre dans un conseil où les droits du Sénat devaient être discutés.

Fâcheuse condescendance en vérité! Pauvres ministres ! De cette discussion inoffensive allait bientôt sortir, sous les yeux du parti libéral en déroute, le pouvoir personnel plus populaire que jamais, et plus menaçant pour l'ordre social !

*
* *

On s'occupa d'abord du Sénat ; on convint qu'il resterait composé des mêmes membres, et qu'il se recruterait toujours par le choix de l'Empereur.

Ses attributions seules devaient être modifiées. Jadis simple gardien du pacte constitutionnel, il ne pouvait repousser que les lois votées par le Corps législatif en violation de ce pacte ; pour les autres, il n'avait qu'un droit de *Veto* ou d'amendement, purement suspensif. De telle sorte que la puissance législative appartenait sans partage et en dernier ressort aux représentants de la nation.

Désormais son rôle serait tout autre. Il deviendrait lui-même une Chambre législative ; il aurait l'initiative des lois ; le droit d'amender et de rejeter celles que voterait l'autre assemblée; il partagerait, et même il annulerait au besoin, les attributions de cette dernière.

N'était-ce pas juste, disaient les défenseurs du nouveau sénatus-consulte ? Dans un gouvernement représentatif ne fallait-il pas deux Chambres, égales en droit, égales en influence? C'était un point essentiel. Sinon, la prépondérance appartiendrait à l'Assemblée populaire, et l'équilibre parlementaire serait détruit.

Ah ! sans doute, il fallait deux Chambres dans un gouvernement *représentatif*, mais à une condition : c'était que chacune d'elles *représentât* quelque chose ; que chacune d'elles s'appuyât sur des forces nationales, et fût un des organes de l'opinion publique ; à une condition, c'était que l'une ne fût pas tout et l'autre rien, qu'il n'y eût pas, derrière l'une, la France, et, derrière l'autre, la faveur du prince.

Or qu'était-ce que le Sénat, tel qu'il était maintenu par le sénatus-consulte ? — Il n'avait même pas l'autorité de l'ancienne Chambre des Pairs, composée de notabilités politiques empruntées à tous les partis et conservant dans la Chambre leur indépendance d'esprit, leur liberté d'action. Le Sénat, c'était une réunion de bons serviteurs ; une réunion d'hommes dévoués à l'Empereur, pour la plupart anciens fonctionnaires, dont on voulait récompenser les services par une augmentation de retraite et d'honneurs. L'élément militaire y dominait, partant la discipline. Devant tout au prince, aveuglément dociles, rien ne rattachait ces hommes au pays, ni l'origine de leur mandat, ni son renouvellement périodique.

Que pouvait être une telle assemblée? — Dans les temps prospères, un instrument sûr, à toute épreuve, à la disposition, non des ministres, mais de l'Empereur de qui seul elle tenait son existence. — Aux jours de crise, un instrument inutile, incapable d'aucun service et dont personne ne s'inquiéterait : l'événement l'a bien prouvé.

Mais l'Empereur ne songeait qu'aux temps prospères. Ce qu'il voulait, ce qu'il demandait à M. Rouher et à ses autres confidents, c'était une assemblée capable, en sauvegardant toutes les apparences du régime parlementaire, de lui permettre de faire toujours prévaloir sa volonté personnelle, d'exercer toujours le pouvoir absolu.

Le Sénat, devenu Chambre législative, n'aurait pas eu d'autre rôle. En admettant que, dans le Corps législatif, le parti libéral eût jamais conquis une majorité accidentelle ou même une majorité définitive, tous ses efforts seraient venus échouer misérablement au seuil du Sénat. L'accueil fait par cette assemblée, depuis le sénatus-consulte, aux lois sur la presse et sur les conseils généraux, votées par l'autre Chambre, est une démonstration péremptoire de cette vérité.

Il n'en faut pas douter : malgré les illusions que certains esprits conservaient encore, le régime parlementaire aurait en vain fonctionné dans le Corps législatif ; il n'y aurait produit qu'une agitation stérile, que des discussions sans résultat, qu'une lutte où la liberté se serait épuisée dans sa propre impuissance. Le pouvoir personnel aurait régné au Sénat, et passant au laminoir d'une telle assemblée, il aurait donné à la France la plus détestable des politiques, une politique de vieillards.

Les ministres l'avaient bien compris. Ce n'est pas qu'en voyant le Sénat changer absolument d'attributions, ils aient osé proposer quelque moyen radical de modifier son organisation. Ils essayèrent seulement de circonscrire le choix de l'Empereur dans certaines catégories de candidats. Cela même ne fut pas accepté. Docile à l'intime pensée du Prince, le Sénat voulut rester à sa discrétion et n'être dans l'avenir, comme dans le présent, qu'une émanation de sa toute-puissance.

Eh bien ! l'Empereur n'a pas encore trouvé cette garantie suffisante.

* * *

Sans doute il n'a pas prévu l'hypothèse improbable où le Sénat, oubliant son origine, s'accorderait avec le Corps législatif pour contrecarrer ses desseins. Mais il a craint que, dans un conflit possible entre les deux assemblées, celle qui émanerait du suffrage universel, n'eût sur l'autre une telle supériorité morale qu'elle n'imposât même à la force. Dans ce cas il a voulu pouvoir en appeler directement à la nation et opposer un *Plébiscite* au vote de la Chambre.

On prétendit aussitôt que le Sénat n'était pas

compétent pour consacrer les réformes dont l'adoption avait depuis quelques années, et tout dernièrement encore, si profondément modifié la constitution de 1852, et qu'il était immédiatement nécessaire de les soumettre à la ratification populaire. — Chose étrange ! l'Empereur au mois de juillet précédent, et le Sénat au mois de septembre, n'avaient pas compris cette nécessité !

L'appel au peuple, répétait-on, n'est-il pas de la politique napoléonienne, la seule qui ait jamais eu la hardiesse de se soumettre directement au suffrage universel ? N'est-il pas le procédé le plus loyal et le plus libéral du monde ? N'est-il pas un des principes consacrés par la Révolution, inscrits dans la constitution républicaine de la Convention ?

Oui, l'appel au peuple est un procédé dont on s'est servi en 1793 comme en 1852 ; c'est un procédé cher aux despotes de tout ordre, et pour être consacré par la Constitution de 1870, il ne devait pas changer de caractère.

Dans un plébiscite, qui donc interroge le peuple ? Le Prince. Et contre qui le peuple est-il interrogé ? Contre ses propres représentants.

C'est-à-dire que, lorsque des hommes éclairés et d'expérience se sont, dans l'exercice même de leur mandat, en connaissance de cause, après mûre délibération, prononcés d'une façon qui déplaît au Prince, le Prince défère leur jugement à la foule ignorante et passionnée, avec la certitude de le faire casser. Il n'y a pas dans l'histoire des plébiscites d'exemple qu'un gouvernement ait interrogé la foule sans en recevoir la réponse qu'il désirait en obtenir. L'Empereur le savait de reste !

L'appel au peuple est en outre la contradiction même du régime représentatif, dans lequel le peuple ne doit se prononcer que par l'organe de ses représentants. Lorsque le gouvernement est en droit de supposer que les députés ont cessé d'être d'accord avec l'opinion, il a un moyen facile et légitime de s'en assurer ; c'est de renvoyer les députés devant leurs électeurs. Chacun peut alors expliquer ses votes, et recevoir de ses mandataires une approbation ou une improbation raisonnée. Cela ne ressemble en rien au plébiscite, au fait du Prince, qui, combattu non-seulement par les Chambres, mais peut-être même par ses propres ministres, veut imposer sa volonté personnelle, et emploie tout l'appareil de sa puissance à interroger la multitude qui ne comprend ni la demande qui lui est faite, ni la réponse qu'elle donne. Le plébiscite, ce n'est autre chose que l'appel de la force à l'ignorance.

Le cabinet du 2 janvier, malgré son désir de plaire et d'être convaincu, ne put, en présence de cette prétention dernière, continuer à fermer les yeux. Pour tout homme de sang-froid et de raison, accorder cela, c'était permettre d'escamoter encore une fois le régime parlementaire à celui qui déjà, prestidigitateur habile, l'avait en 1851 fait disparaître du milieu d'un peuple engourdi.

Le cabinet refusa donc... L'Empereur ne s'en fâcha nullement ; toutefois il pria M. Rouher de démontrer à ses ministres qu'ils seraient seuls à refuser ; que le Sénat tout entier serait d'un avis contraire, et que la majorité du Corps législatif approuverait le Sénat.

La démonstration fut péremptoire, à ce qu'il paraît : trois des ministres donnèrent leur démission ; les autres s'inclinèrent.

*
* *

Or, ce jour-là, le cabinet du 2 janvier, la politique du 2 janvier, les ministres représentatifs, le gouvernement parlementaire, tout ce que l'opposition avait demandé pour la France, et tout ce que l'Empereur avait si libéralement octroyé, tout cela avait vécu, tout cela était aussi bien mort que la constitution de 1848.

Ce jour-là, je me sentis profondément humilié et repentant de m'être laissé prendre pendant quelque temps au jeu du tacticien perfide, qui venait par une manœuvre suprême de reconquérir tout ce qu'il avait perdu. Passé maître en conspirations, Napoléon III avait accompli son chef-d'œuvre.

*
* *

Le plus admirable, c'est que cette manœuvre fut si bien conduite qu'elle n'éveilla pas l'attention publique, et qu'au lendemain du plébiscite, beaucoup de bons esprits criaient par-dessus les toits qu'ils ne comprenaient pas nos plaintes, qu'ils se sentaient toujours en pleine possession du régime parlementaire.

Mais peut-être ne criaient-ils si fort que pour s'étourdir eux-mêmes.

*
* *

« Voyez les gens difficiles et de méchant esprit!
« On leur a donné tout ce qu'ils demandaient; ils
« ont des libertés à n'en savoir que faire; le pou-
« voir abdique entre leurs mains, et, parce que
« l'Empereur désire faire enregistrer ses conces-
« sions par le suffrage universel, les voilà qui se
« récrient, qui se fâchent et qui se retirent. Beau
« début, et bien fait pour dégoûter du régime par-
« lementaire! »

Ainsi fut appréciée par la plupart de ceux qui allaient voter le plébiscite, la démission de M. Daru, de M. Buffet, et, quelques jours plus tard, de M. de Talhouët.

*
* *

Ce verdict de l'opinion, il faut le reconnaître, était dicté par les survivants mêmes du cabinet du 2 janvier. Du moment qu'ils restaient aux affaires, il était nécessaire pour eux de dire et de faire croire que le plébiscite n'était qu'une simple formalité, une consécration populaire, non-seulement des réformes accomplies, mais encore du programme qu'ils se proposaient de suivre; que rien n'était changé ni dans leur situation, ni dans leur politique.

Je ne ferai pas à M. Émile Ollivier l'injure de supposer un seul instant que, en tenant ce langage, il ait été de bonne foi. Qu'il ait tout d'abord cru nécessaire de ménager les susceptibilités et les préjugés de l'Empereur, de rassurer son entourage, de placer entre le régime du gouvernement personnel et le régime parlementaire une sorte de transition pour ôter à la réforme dont il était le promoteur toute apparence de réaction et de violence, on ne saurait l'en blâmer, tout en pensant qu'il eût été préférable d'agir avec plus de franchise et de fermeté. Mais qu'un homme de son intelligence, de son expérience politique, qu'un homme qui avait été déjà si complétement joué le 19 janvier par les mêmes personnages et à l'aide des mêmes procédés, qui avait écrit un livre sur la matière;

qu'un tel homme n'ait pas compris qu'on lui demandait enfin le sacrifice du programme qu'il avait pris l'engagement de réaliser, et qu'on voulait se servir de lui pour revenir par des voies détournées au gouvernement du Deux Décembre, cela surpasse la raison. Il faudrait admettre, — ce que d'ailleurs on a prétendu, — qu'il avait laissé l'Empereur prendre sur lui un ascendant tel qu'il en avait perdu toute clairvoyance et toute liberté, et qu'à force d'avoir été flagorné, berné, compromis, de ministre il était devenu courtisan : pauvre chose que l'intelligence humaine, si, pour la dévoyer et l'abattre, il suffit de faire jouer le ressort de quelque passion !

J'aime mieux croire qu'en présence d'une résistance sur laquelle il n'avait pas dû compter, dans la crainte de tout perdre s'il n'abandonnait pas quelque chose, il a voulu, se dissimulant à lui-même ce qui devait être l'évidence, ne pas renoncer tout d'un coup à l'entreprise dont il avait fait le but et l'honneur de sa vie, simuler une retraite qui lui permettrait plus tard quelque retour favorable, et rester cependant à son poste. « La politique est la science des concessions et des transactions, » lui ai-je entendu dire un jour, il y a bien longtemps. Cette maxime est vraie ; bien des gouvernements sont tombés pour ne l'avoir pas appliquée. Mais il n'y a de concessions à faire qu'aux idées de progrès. Il est de la destinée et de la gloire des peuples d'avancer toujours vers un idéal de bien-être, de liberté, de grandeur morale, dont ils se rapprochent sans jamais l'atteindre. Sous peine d'être renversé par eux, aucun gouvernement ne doit les arrêter dans cette voie. Le rôle des gouvernements, c'est de régler leur marche, sans la précipiter ni la suspendre, de manière à leur laisser toujours quelque satisfaction et aussi quelque désir. Telle est la science des concessions. Mais obéir à ceux qui, loin de vouloir aller en avant, ne songent qu'à revenir en arrière, ce n'est plus faire des concessions, c'est reprendre celles qui ont été faites, c'est troubler l'ordre social en troublant le progrès régulier, c'est provoquer la résistance et préparer la lutte. Les révolutions sont moins périlleuses que les réactions ; car on peut abattre un peuple, mais on ne le fait pas reculer.

Après s'être donné pour le Casimir Périer de l'Empire libéral, M. Émile Ollivier ne voyait pas qu'il allait en devenir le Polignac !

*
* *

Le doute sur les intentions de l'Empereur fût-il encore permis au moment de la démission des ministres, ce qui suivit le vote du sénatus-consulte par le Sénat dut le rendre désormais impossible.

En vain le cabinet et ceux qui, en dépit de tout, par obstination, par amour-propre, par calcul, conservaient ou feignaient de conserver quelque confiance en lui, s'étaient-ils rattachés à la formule même du plébiscite. Voyez, disaient-ils, comment cette formule a été rédigée. C'est entre l'Empire libéral et l'Empire autoritaire qu'il faudra se prononcer : ceux qui voteront *oui*, nous devrons donc les tenir pour libéraux ; ceux qui voteront *non*, pour partisans du pouvoir absolu.

C'était être, ou c'était croire ses adversaires vraiment bien naïfs !

Immédiatement après le vote du Sénat, le parti du Deux Décembre s'est emparé du plébiscite, il l'a retiré des mains du ministère, il en a fait sa chose, il l'a remanié à sa guise, et lui a donné cette signification unique : Ceux qui voteront *oui*, voteront pour l'Empereur ; ceux qui voteront *non*, voteront contre l'Empereur.

Le plébiciste a gardé cette signification. Il ne pouvait en avoir d'autre. Que voulait-on que la masse des électeurs comprît aux abstractions constitutionnelles, aux droits du Sénat, à la responsabilité des ministres, aux prérogatives de la couronne ? Les plus habiles s'y embrouillent et parfois ne s'entendent pas entre eux. — Le peuple vote sur des noms propres ; il ne vote pas sur des théories et des raffinements juridiques. Il a voulu voter pour Napoléon, rien que pour Napoléon : c'est pourquoi il a voté *oui*. C'était bien là le sens du vote, et quiconque a voulu de bonne foi s'en rendre compte, ne l'a pas compris autrement.

J'aurais pu voter *non* simplement parce que, à raison du rôle nouveau attribué au Sénat, et du droit réservé au Chef de l'État de proposer des plébiscites, je trouvais la constitution de 1870 infiniment moins libérale que celle de 1852.

Mais ce n'est pas pour cela que j'ai voté *non*.

J'ai voté NON, parce que j'ai voulu voter contre l'Empereur !

*
* *

Au reste, il faut rendre cette justice au parti du Deux Décembre. Il n'y a mis ni mensonge, ni équivoque, ni finesse. Il a dès le principe demandé la consécration du coup d'Etat, et un vote de confiance pour l'Empereur, sa dynastie et ses serviteurs.

Les comités, les délégués, les journaux de ce parti se sont très-nettement expliqués. Ils ont jeté par-dessus bord M. Émile Ollivier et ses collègues, son programme, sa politique, ses promesses libérales, ne le remerciant que d'une chose : de leur avoir permis d'organiser cette manifestation.

Donc ce qui s'est présenté à la barre du pays, ce n'est pas le *Deux Janvier* ;

C'est le *Deux Décembre*.

Le *Deux Décembre* servi par Émile Ollivier !

Car il a tout accepté, même cette besogne-là. Une fois pris dans l'engrenage, le malheureux y a passé tout entier. S'il a pour un temps sauvé son ministère, il n'a rien sauvé de lui-même.

*
* *

Le gouvernement était loin de s'attendre au résultat du vote, dont seul, paraît-il, M. Rouher aurait osé répondre.

Le parti socialiste, après avoir hésité et s'être demandé si l'abstention ne serait pas préférable, avait déclaré qu'il voterait *non*, et que son vote signifierait : République sociale.

Une portion considérable du parti libéral avait sans doute jugé plus habile de prendre à la lettre le texte du plébiscite, afin d'éviter de compter ses adhérents, afin de donner le change et de revendiquer les votes affirmatifs pour le régime parlementaire. Néanmoins beaucoup de libéraux, convaincus par l'évidence et certains que le plébiscite ne profiterait qu'au pouvoir personnel, avaient engagé au vote négatif ou bien à l'abstention. Tout en distinguant soigneusement leur vote du vote socialiste, ils n'avaient pas hésité à se séparer de l'Empire du moment qu'il avait cessé d'être l'Empire libéral.

Même division, mais pour d'autres motifs, parmi

les hommes d'opposition qui ne s'étaient pas ralliés au ministère du 2 janvier. Si quelques-uns, ébranlés dans leur constance par un secret désir d'arriver aux affaires, avaient affecté de dire que, à tout prendre, le sénatus-consulte réalisait sur l'état de choses antérieur un progrès qu'il ne convenait pas de repousser ; si d'autres avaient craint d'être confondus avec les anarchistes, beaucoup avaient résolu, du moment que la question posée était une question dynastique, de dire *non* quand même, quelles que dussent être les conséquences de leur vote, parce que, à leurs yeux, tout, — mais tout absolument, — valait mieux pour la France que la politique et les hommes du Deux Décembre.

J'étais au nombre de ces derniers ; toutefois, je n'avais guère d'illusions sur le résultat final. Je l'espérais moins désastreux, mais je le tenais pour certain.

*
* *

Le gouvernement mit tout en œuvre pour réussir. A côté des députés lancés sur leurs départements ; des comités constitués à Paris et en province avec une ardeur qu'on ne saurait blâmer, puisque, en les réunissant, on usait d'un droit incontestable ; on vit les ministres, — ces mêmes ministres qui, quelques semaines auparavant, avaient solennellement condamné les candidatures officielles aux applaudissements de tous les honnêtes hommes politiques, — on les vit recommander à leurs agents « une activité dévorante », et dépasser du premier coup les pratiques les plus condamnables de leurs prédécesseurs. O zèle inconsidéré des néophytes !

Il fut ce jour-là facile de comprendre pourquoi l'Empereur n'avait pas voulu consentir au renouvellement de l'ancien personnel administratif.

Ce fut une résurrection pour les vieux fonctionnaires. Avec quelle joie, avec quelle verdeur, avec quel implacable entrain ils recommencèrent le combat des anciens jours, tout étonnés des inquiétudes qu'ils avaient pu concevoir pour eux-mêmes, — et pour le génie de l'Empereur !

Les ministres ne voulurent pas rester en arrière de leurs subordonnés. Députés pour la plupart, ils prirent la plume, et, dans ce style à la fois biblique et enfantin qui ouvre, à ce qu'il paraît, les portes de l'Académie, ils trouvèrent des accents capables de désarmer leurs adversaires, — à force de les égayer.

*
* *

Cependant il leur manquait le renfort accoutumé : le parti socialiste, qui allait commettre la faute de voter, ne commettait pas cette fois celle de se révolter.

Depuis les échauffourées ridicules qui avaient suivi l'affaire d'Auteuil, aucune émeute, en troublant l'ordre matériel, n'avait entretenu la terreur des honnêtes gens. Les apprêts du plébiscite ne soulevaient aucun pavé, ne provoquaient aucune réunion trop scandaleuse, n'inspiraient aucun de ces journalistes épileptiques qui faisaient monter la honte et le dégoût au cœur des honnêtes gens.

Cela ne convenait guère au gouvernement. Celui-ci devait craindre que l'émotion répandue dans le pays par les funérailles de Victor Noir ne fût calmée au moment du vote ; que le sentiment d'indifférence et même d'improbation, qui avait généralement accueilli la démission des trois ministres, ne fût modifié par les exhortations d'hommes politiques expliquant partout que jamais résolution plus patriotique ni plus opportune n'avait été prise, et que le plébiscite ne pouvait avoir pour conséquence que la substitution du pouvoir personnel au gouvernement du pays par le pays. Le ministère se souvenait de la minorité imposante réunie aux élections de 1869 par ses amis, alors candidats de l'opposition ; il redoutait que cette minorité, grossie peut-être, ne compromît la victoire dont il avait besoin.

Mais que faire pour mettre en branle ce misérable *Spectre-Rouge*, qui, moins sot ou moins complaisant, refusait de jouer son rôle de compère?

*
* *

« *Nous l'avons en dormant, Madame, échappé belle !* » dit un matin le procureur général Grandperret à la France étonnée. Oui, à la première page du *Journal Officiel*, la France, qui n'y songeait plus, put lire un rapport sinistre, signalant à son indignation les complots du parti socialiste et ses tentatives contre la vie même de l'Empereur.

Un grand nombre de prévenus, arrêtés après l'affaire d'Auteuil, étaient l'objet d'une instruction. Le juge, malgré son zèle désespéré, ne venait pas à bout de trouver contre eux des charges sérieuses ; si bien qu'on parlait déjà d'une amnistie. Trois personnages, réunis dans le cabinet du Garde des sceaux, furent plus heureux. De leur collaboration nocturne sortit le rapport de M. Grandperret, et ces bombes fameuses, engins terribles, dont les journaux officieux répandirent alors la figure et la description.

De ces engins, on affirme qu'on aurait pu parler plus savamment encore dans le cabinet de M. Piétri.

Quoi qu'il en fût, jamais projectiles ne firent plus de vacarme. La France en fut assourdie et accablée. Rien ne put lui faire entendre raison ni relever son courage. Huit jours plus tard, chaque électeur, son bulletin de vote à la main, courait au scrutin, croyant sauver l'Empereur.

Le gouvernement parlementaire, perdu depuis longtemps dans la Chambre, était enfin ruiné dans l'opinion par la peur du socialisme.

*
* *

Le peuple du Deux Décembre se leva tout entier. Sept millions cinq cent mille votes affirmatifs firent autour de l'Empereur comme une immense acclamation.

Les trois millions cinq cent mille voix réunies par l'opposition aux élections de 1869, se trouvèrent réduites à quinze cent mille.

Sauf deux ou trois cent mille peut-être, ces voix négatives appartenaient au socialisme. Il suffit, pour s'en convaincre, d'examiner les colléges où elles ont été réunies et de rechercher sur quels candidats elles s'étaient portées aux élections précédentes.

*
* *

Tel était donc le fruit de la longue et laborieuse campagne entreprise à la fois pour les principes conservateurs et les idées libérales. Pendant dix ans les plus considérables et les plus illustres de nos hommes d'État s'étaient réunis dans un effort commun. Ils avaient groupé autour d'eux, à Paris comme dans les départements, tout un état-major d'hommes jeunes, intelligents, instruits, pleins d'ardeur, dévoués à l'ordre social, ennemis du pouvoir personnel. Constamment sur la brèche, ils avaient suivi les événements, épié les occasions, recherché les luttes. Ils avaient fait parler leur raison, leur expérience, leur patriotisme. Ils avaient gagné pied à pied un terrain chèrement disputé. Ils avaient fait reculer le despotisme. Ils avaient remporté une victoire partielle, signe d'un triomphe prochain. Ils étaient parvenus à hisser un instant quelques-uns des leurs sur les remparts mêmes du pouvoir.... A l'heure décisive, à l'heure du suprême combat, à l'heure d'arracher la France des mains du césarisme, ils s'étaient trouvés seuls, avec leur état-major, sans un soldat, sans un allié, le vide fait autour d'eux par la peur et la désertion !

Le pays les avait méconnus ; le pays honnête, le pays ami du travail, de l'ordre et de la paix, les avait abandonnés pour de nouveau se jeter dans les bras de l'Empereur ;

De l'Empereur, qui seul avait désormais sa confiance ;

De l'Empereur, qui ne craignait plus maintenant de lui révéler l'étendue des progrès accomplis par le socialisme sous son règne et par sa faute, certain qu'il était de rejeter sur le parti libéral la responsabilité de ces progrès.

En effet, pendant quinze années, le pays avait oublié le socialisme et la terreur qu'il en avait d'abord éprouvée ; n'entendant aucune menace, n'apercevant aucun symptôme de révolte, il l'avait cru étouffé sous le poids du silence et de la répression.

Puis soudain il l'avait vu reparaître, armé d'une audace et d'un cynisme qu'il ne lui connaissait pas encore.

Et cela précisément à l'heure où les principes libéraux reprenaient crédit; où les adversaires de l'Empire arrivaient aux affaires; où on votait des lois sur les coalitions, les sociétés coopératives, les réunions publiques ; où la presse retrouvait toute licence ; où le Chef de l'Etat prétendait renoncer à l'exercice du pouvoir personnel.

Eh quoi! tant que l'Empereur avait été le maître en France, tant qu'il avait paisiblement régné sans être assourdi par les brouillons et les ambitieux qui se disputaient maintenant le pouvoir, on avait vécu au milieu du calme et de l'abondance, sans scandale dans les journaux, sans désordre dans les esprits, sans émeutes dans les rues. Le régime parlementaire arrivait, et tout aussitôt, comme d'une source naturelle, en découlaient scandale, désordre, émeute, malgré les promesses pompeuses, les programmes séduisants et les beaux discours des gens qui le ramenaient. Mais ces gens-là, on les connaissait depuis 1851, depuis 1848, depuis 1830, depuis enfin qu'il y avait des révolutions en France, et qu'il fallait payer les sottises des intrigants. Ils étaient incapables de se défendre contre les révolutionnaires que leur prétendu libéralisme enhardissait, et que seule pouvait contenir une main ferme, la main de l'Empereur, dont on était bien sot ou bien coupable de méconnaître les services.

* * *

Ah! de quel air il devait regarder ses ministres libéraux, ce Prince qu'on croyait affaibli par l'âge et prêt à se laisser dépouiller; et comme il devait prendre en pitié ces hommes, dont les plus fiers discours et les plus fins calculs n'avaient servi qu'à rétablir sa puissance ébranlée!

Sa puissance renaissait tout entière dans la constitution consacrée par le plébiscite.

Les termes étaient changés, les formes renouvelées, les choses restaient.

Comme par le passé, l'Empereur était le maître, le seul maître; il tenait la France sous sa main; il pouvait disposer d'elle comme « un paysan de sa chaumière; » il n'avait à craindre ni contrôle ni résistance; il avait le Sénat pour contenir le

Corps législatif, et pour contenir le pays, il avait la peur de la révolution.

*
* *

Qu'auraient pu désormais faire les libéraux? Comment espérer toucher l'âme de ce peuple abêti par la terreur ? Comment lui dire, comment lui prouver qu'il ne devait compter que sur lui-même et que son aveuglement le poussait aux abîmes ?

Comment le convaincre que les libéraux étaient innocents des progrès du socialisme, accomplis pendant qu'ils étaient éloignés des affaires ou proscrits, et dont on avait si traîtreusement abusé pour les empêcher de rendre le pays à lui-même, de l'arracher à celui qui le perdait sous prétexte de le sauver?

Comment sauver le peuple de son sauveur?

Comment lui faire entendre que le Prince auquel, pour la troisième fois, il venait de confier ses destinées, ne songeait qu'à sa propre fortune; qu'il ne pouvait ni ne voulait écraser le socialisme; qu'il en était le complice et qu'un jour la France en serait la victime?

Sans doute ce jour paraissait éloigné. Le pouvoir impérial, restauré par un second Deux Décembre, ne semblait près ni de faiblir, ni de finir; comme à Rome, et pendant longtemps peut-être,

« la forte main des Césars » aurait pu faire régner l'ordre et la paix; développer le bien-être ; répandre le luxe, les jouissances, les faveurs; distribuer le pain et les spectacles, qui gorgent les sens et abrutissent l'esprit; enfin arrêter les barbares.

Pourtant ils étaient là, les barbares; ils se pressaient, ils se multipliaient aux frontières de la civilisation, plus nombreux et plus affamés à mesure que leur attente était plus longue; et quand l'orgie serait devenue louche, quand l'ivresse aurait fait rouler les convives, quand il ne serait plus resté d'âmes dans ces corps repus, alors place aux barbares, place aux partageux!

Non, le pays n'aurait plus écouté les libéraux! Vainement ceux-ci auraient encore, dévoilant l'avenir, essayé de ramener au sentiment du vrai ce peuple qui ne savait plus vivre, qui ne savait que jouir, leurs efforts seraient venus se briser aux pieds d'un trône que la vérité ne pouvait atteindre.

Or, ce que les libéraux n'auraient pu faire, Dieu l'a fait. Il a précipité ce trône inébranlable, et découvert, en le précipitant, des plaies hideuses dont la France mourrait, si ses douleurs mêmes ne devaient enfin lui rendre la raison et la santé.

*
* *

L'Empereur prévoyait assurément dans quelle catastrophe le socialisme entraînerait un jour et la France et l'Empire. Mais il se flattait que cette catastrophe ne l'atteindrait pas lui-même, qu'elle n'atteindrait pas son fils.

Il connaissait bien ces paysans, qui venaient de l'acclamer en haine d'une révolution, dont la seule menace les poussait encore aux extrémités du désespoir; il comprenait qu'eux-mêmes ne résisteraient pas toujours, et mieux que les ouvriers des villes, à la propagande révolutionnaire, si, avec l'instruction primaire, on ne leur donnait une éducation politique, l'intelligence des lois sociales, l'expérience des affaires, tout ce qui d'un peuple asservi par l'ignorance et la peur, peut faire un peuple capable de se conduire et maître de ses destinées.

Il comprenait que le jour où les paysans, sachant lire, échapperaient à l'influence des classes supérieures, ils traduiraient sur leurs bulletins de vote les utopies socialistes.

Il n'espérait pas pouvoir à lui seul les soustraire à cette corruption.

Seulement, tandis que les idées socialistes pénétreraient au milieu d'eux, il pensait entourer son trône d'une telle gloire et d'une telle puissance que pendant longtemps nul n'oserait l'attaquer.

Le peuple n'aime pas la guerre, mais il en aime le souvenir ; il oublie l'histoire, mais il retient la légende. La légende a sur lui une influence singulière : la légende napoléonienne, survivant aux désastres du premier Empire, a fondé le second ; ravivée par de nouvelles victoires, elle eût sans doute protégé celui-ci, en étouffant sous « des lauriers » l'ivraie socialiste.

Dans la pensée de l'Empereur, la guerre qui devait rendre à la France les frontières du Rhin, était nécessaire pour consacrer l'œuvre même du plébiscite.

*
* *

A ne considérer que le dehors des choses, il semblerait que l'auteur de cette guerre funeste fût un homme dépourvu de toute intelligence et de tout bon sens. C'est le jugement qu'aujourd'hui portent sur lui, non-seulement ses ennemis, mais beaucoup de ceux qui furent si longtemps ses naïfs ou coupables partisans.

Ce jugement est injuste. La guerre, venant après le plébiscite, c'était un coup de maître, le chef-d'œuvre de la politique césarienne.

Qui donc en France, au mois de juillet, pouvait

douter du succès? Un seul homme, M. Thiers, — qui fit alors, ainsi qu'il l'a dit lui-même, l'acte le plus patriotique de sa vie; qui, pour prévenir un désastre que seul il redoutait, n'hésita pas à jeter au vent sa popularité. L'histoire, qui l'a déjà vengé, ne saura jamais trop glorifier une conduite que ses contemporains ont si bassement calomniée!

Mais le reste, le reste du troupeau? Nous étions tous si bien aveuglés par l'orgueil, que pas un, même parmi ceux qui comme moi détestent la guerre, ne mettait en doute la victoire. Elle pouvait être plus ou moins complète et fructueuse, mais pour tous elle était certaine.

Eh bien! je demande aux hommes de bonne foi quels résultats la guerre, heureusement terminée, aurait eus pour l'Empereur?

En France, où la veille son pouvoir paraissait chanceler, il eût été sacrépar le succès; non-seulement lui, mais encore ce jeune enfant qu'il emmenait à sa suite et qu'il faisait ainsi reconnaître, comme Charlemagne ses fils. Si le parti conservateur avait dû avoir, un jour, quelque honte d'un plébiscite dicté par la peur et l'ignorance, il aurait trouvé sa justification dans le triomphe des armes impériales. L'opposition de toute nuance, qui n'avait accepté la guerre qu'à contre-cœur, aurait été ruinée dans l'esprit public, et réduite à recruter ses partisans dans les bas-fonds de la démagogie. L'armée, dont l'attitude, au moment du vote, avait dû faire naître quelque crainte, aurait été satisfaite et reconquise. Le peuple, enivré par l'odeur de la poudre et par le bruit de la victoire, aurait porté longtemps encore, et fièrement, le joug d'un maître qui aurait su flatter ses instincts guerriers aussi bien que ses passions démagogiques. Le pays tout entier voyant ses affaires reprendre, son influence grandir, sa richesse augmenter avec sa gloire, aurait acclamé le Dieu mortel qui lui aurait fait ces heureuses destinées. Jamais donc, quelles qu'aient été les formes nouvelles de la constitution, et les menaces de l'avenir, le pouvoir personnel n'aurait été plus populaire, plus solide, plus maître de la France.

En Europe, l'Empereur devenu le plus puissant des princes, sans entreprendre d'asservir les autres peuples, aurait exercé, sur leur politique, une influence plus durable et plus incontestée que celle de son oncle. L'unité de l'Allemagne, même après la défaite de la Prusse, se serait réalisée, comme elle s'est réalisée après sa victoire. Mais dans quelles conditions différentes pour nous ! Et d'ailleurs, l'Empereur ne désirait-il pas cette unité, comme il avait désiré celle de l'Italie, pourvu que la France reçût en territoire des compensations suffisantes ? En 1866, trompé par M. de Bismarck et surpris par Sadowa, il avait perdu l'occasion de s'étendre jusqu'au Rhin : il comptait la retrouver en 1870.

C'est ce qu'il appelait la politique des nationalités. Il savait à merveille que les grands Empires ne s'établissent qu'aux dépens de la liberté régnant dans les petits États. Or, la liberté le gênait chez les autres peuples; elle était pour le sien d'un fâcheux exemple, — un objet de remords ou d'envie. Il espérait la proscrire du reste du continent; et, suivant le mot de son oncle, il voulait que l'Europe devînt cosaque, ne voulant pas qu'elle fût républicaine. Il n'est pas nécessaire, en effet, d'être Russe pour être cosaque. L'unité italienne, l'unité allemande, l'unité ibérique qu'il désirait aussi, ne pouvaient s'établir qu'au profit du césarisme européen, et devaient aboutir à la Sainte-Alliance des Césars, contre laquelle la liberté n'aurait plus eu d'autre refuge que l'Angleterre. Cette politique aurait donc singulièrement fortifié le pouvoir impérial; elle l'aurait appuyé sur tout le système européen; elle lui aurait permis de poursuivre ses adversaires au delà de ses frontières, et donné les moyens de diriger et de contenir plus longtemps le socialisme, dont la véritable force réside dans la solidarité internationale.

.Certes, une conception pareille ne pouvait être ni le résultat d'un caprice, ni l'œuvre d'un esprit affaibli. Dès le commencement de son règne, l'Empereur l'avait formée et poursuivie; il l'avait indiquée clairement en 1866 dans la circulaire fameuse de M. de la Valette; il l'avait placée, à plusieurs reprises, dans les discours de son cousin, le prince Napoléon; il y était revenu sans cesse; et, tandis que ses derniers ministres se débattaient inconscients de l'œuvre à laquelle ils collaboraient, il y songeait encore avec cette ténacité muette et patiente qui est le propre de son caractère.

Il voulut, pour frapper un coup décisif, profiter de l'immense pouvoir que lui donnait le plébiscite. Il savait fort bien que la France ne désirait pas la guerre; qu'elle ne l'avait pas demandée, même en 1864 et en 1866, à des moments où l'équilibre européen et la vieille politique nationale semblaient en dépendre et en dépendaient en effet; qu'elle avait fait partout les élections de 1869 sur un programme pacifique; et que, plus elle s'occuperait de questions intérieures, plus elle tiendrait à la paix. Le plébiscite pouvait être une occasion unique de lui forcer la main; il ne voulut pas la laisser échapper.

Son fatal génie n'a donc pas été en défaut. Il est resté conséquent avec lui-même, il s'est jeté dans une entreprise depuis longtemps souhaitée, dont les avantages eussent été prodigieux pour lui et pour sa dynastie, si la victoire avait été favorable.

Il n'est pas tombé par suite d'une faute personnelle; jamais son esprit ne fut plus maître de lui, plus lucide et plus dans la logique du césarisme. Mais voici la cause de sa chute, et par où Dieu l'a frappé :

A côté de ces deux grandes forces : la patience et le mépris des hommes, il avait un travers de raison et une petitesse d'esprit. Le travers, c'était d'être fataliste et païen, de *croire à son étoile*, comme on dit vulgairement. Dès son enfance, il était assuré des hautes destinées qui l'attendaient ; sur le trône, il s'estimait invincible. La possibilité d'un désastre n'a donc pas dû entrer dans ses calculs. Il s'est jeté sur le Rhin, ne sachant pas comment le destin le conduirait à Berlin, mais certain qu'il l'y conduirait. Il s'est comporté comme un joueur qui a confiance en sa *veine*, et qui n'hésite pas à placer tout son avoir sur une seule carte, sans admettre que la carte qui va se retourner puisse ne pas être celle qu'il désire.

La petitesse d'esprit, c'était de s'imaginer être un grand général. Or, il faisait la guerre à peu près comme Richelieu les tragédies. Il ne suffit pas d'être l'héritier légal d'un capitaine pour en posséder le génie. A cela cependant se résumaient ses titres militaires. Il ne fallait pas faire grand état d'avoir été garde national en Suisse, d'avoir tramé de nombreux complots, d'avoir fait une compilation sur l'artillerie, et de s'être longtemps amusé à des expériences dans son cabinet de travail. Certes, c'était aux Français pousser bien loin la folie de la servitude que de s'en reposer sur un tel chef de la conduite d'une telle guerre, surtout après les preuves notoires d'incapacité qu'il avait données en Italie. Mais que dire de la complaisance des généraux, de la complicité des ministres, qui, dociles courtisans, ont accepté ses ordres ? L'Empereur ne savait rien, et ne pouvait rien savoir des choses de la guerre. Il a compté que les chassepots et les mitrailleuses lui rendraient, en Prusse, les mêmes services que les canons rayés en Lombardie, et il est entré en campagne sans en demander davantage.

* * *

Dieu ne lui donna pas le temps de se reconnaître ; il le renversa du premier coup, comme pour montrer une fois de plus le néant du despotisme.

Ah ! si grand et si puissant que soit un homme ; si haut qu'il s'élève par la science, par la gloire ou par le crime, il y a toujours en lui quelque point par où Dieu reprend son empire.

Et quand Dieu le frappe, ce n'est pas seulement « un avertissement pour les rois, un enseignement pour ceux qui jugent la terre, » c'est aussi une leçon pour les peuples.

Il veut découvrir à leurs yeux ce qu'il y a de témérité, ce qu'il y a de folie dans l'abandon qu'ils font de leur sort et du sort de leurs enfants, de leur libre arbitre et de leur conscience, entre les mains d'une créature trop faible pour être jamais sûre ni d'elle-même ni du lendemain.

Cette leçon, que l'histoire répète à chacune de ses pages, — cette leçon si souvent dédaignée, et qui nous coûte si cher aujourd'hui, allons-nous enfin la comprendre ?

*
* *

O mes concitoyens ! méditez avec moi cette triste leçon ! S'il en est parmi vous que les événements n'ont point touchés ; s'il en est qui oublient déjà dans quel abîme de honte et de misère l'Empereur nous a fait tomber, pour ne se souvenir que des prétendus bienfaits de son règne ; s'il en est qui comptent encore sur son épée, non pour relever hélas ! l'honneur national, mais pour vaincre l'anarchie, entendez un langage qui n'est pas seulement celui de la politique et de la philosophie, qui est le langage même des intérêts matériels.

Vos intérêts, l'Empire a pu les satisfaire ; mais il n'a jamais pu les asseoir ; il n'a jamais pu les garantir ; il n'a jamais pu les sauver du socialisme qui les menace. Issu de la révolution, l'Empire a vécu de la révolution. Il a voulu, non la servir, mais s'en servir. Il devait être renversé par elle, parce qu'en se servant d'elle, il lui prêtait plus de force encore qu'à lui-même. Le socialisme, fin dernière de la révolution, c'est bien, n'est-ce pas, la ruine pour vous, la ruine pour tous ; c'est la barbarie emportant une fois encore la civilisation ? Eh bien ! si le socialisme s'est développé, s'il s'est répandu, s'il est devenu ce que vous voyez, c'est par la grâce de l'Empire.

Pour éloigner de lui la crise qu'il prévoyait, Napoléon III a voulu faire la guerre. Cette guerre n'était pas, sachez-le bien, un de ces événements fâcheux que la diplomatie pouvait prévenir ; elle était inévitable ; car elle était dans la logique même et dans les nécessités du césarisme. Celui qui prétend régner dans un isolement superbe au-dessus de la multitude, a besoin de la gloire des armes pour colorer son ambition. En 1870 il a fallu se battre, je le répète, pour achever l'œuvre du plébiscite.

Heureusement conduite, la guerre aurait, en effet, retardé la révolution sociale, autant qu'aurait duré la gloire militaire; mais elle ne l'aurait pas conjurée. L'heure serait toujours venue, où le Prince, obligé, pour régner, de compter avec les passions populaires, aurait été débordé par elles.

Nos désastres ont précipité cette catastrophe; ils ont du même coup achevé de détruire notre puissance en Europe, et les fruits de notre vieille politique nationale, de la politique d'équilibre. Cette politique avait entouré la France d'une ceinture de petits états, sur lesquels pouvait aisément s'exercer son action et qui la préservaient du contact immédiat des autres grands royaumes. Dans ce résultat était le secret de sa grandeur politique. Il avait fallu, pour l'obtenir, les efforts de tous les rois, de tous les ministres, de tous les capitaines, qui l'avaient gouvernée ou servie depuis Philippe-Auguste jusqu'à Louis XIV; il avait fallu des siècles de sacrifices, de négociations, de luttes, de victoires.

Pour le perdre, il a suffi d'un seul homme et de quelques années.

Pauvre chère France! Dans quel état l'Empereur l'a laissée, avec la guerre et la révolution!

*
* *

O mes concitoyens! au milieu de vos angoisses, n'appelez pas, pour vous sauver, celui-là même qui vous a perdus. Vous êtes d'honnêtes gens, de braves cœurs. Vous ne demandez qu'à vous défendre contre des misérables qui en veulent à votre patrimoine, à votre famille, à votre vie, à votre pays, à votre religion, à tout ce que vous aimez et respectez. Vous êtes la raison, vous êtes la justice, vous êtes le droit: soyez le DEVOIR. Le sauveur, que vous chercheriez en vain parmi des aventuriers ou des conspirateurs, il est en vous-mêmes, il est en votre âme chrétienne et française, il est dans le patriotisme qui va vous inspirer la résolution d'aimer et de servir votre pays. Ce que nul homme au monde, nul capitaine, nul politique ne saurait accomplir, vous pouvez l'attendre de vos efforts réunis, et de la grâce de Dieu, qui n'abandonne jamais ceux qui ne s'abandonnent pas eux-mêmes.

CONCLUSION

Ainsi ne cherchons notre salut qu'en nous-mêmes; mais cherchons-le avec courage, et nous le trouverons.

Il est vrai que notre courage est singulièrement ébranlé. Si le mal d'autrui nous laisse indifférents, le nôtre nous accable. Sitôt frappés, nous nous pensons perdus; nous accusons la Providence, et nous désespérons de l'avenir.

Ce peuple français, qui naguère croyait si bien être le premier peuple du monde, le voici qui ne doute pas de sa chute prochaine. Je n'entends autour de moi que paroles découragées et sombres prédictions. Nos malheurs présents sont peu de chose auprès de ceux qu'on annonce : les esprits que j'estimais les plus fermes, sont les plus désolés.

Notre sort est cruel sans doute, mais non pas étrange et nouveau. Nos pères ont vu des temps aussi durs, plus durs même que le nôtre.

A la fin du XVIe siècle, la rébellion ayant chassé de Paris le gouvernement, cette ville fut assiégée par l'armée royale et gouvernée par la populace; elle connut la famine, la peste, le pillage, tous les excès des *Seize*, qui certes valaient bien nos modernes démagogues, qui « jouaient du couteau » et pendaient les magistrats. L'argent de l'étranger stimulait aussi leur zèle. La guerre civile désolait les provinces ; on ne voyait plus ni administration, ni justice, ni finances; et l'Espagnol était au cœur du pays.

Deux siècles auparavant, c'était plus désastreux encore. Le roi avait été pris à Poitiers ; son fils, jeune et mal conseillé, laissait tomber le pouvoir en des mains inhabiles et vénales. Paris se révolta. Le prince dut fuir devant une multitude qui venait massacrer ses ministres dans son propre palais, et qui, pendant plusieurs années, allait remplir la ville de crimes et de terreur. Au dehors le pillage et l'incendie ; des bandes de soldats et des bandes de paysans, qui rançonnaient pour vivre, tuant les nobles et brûlant les châteaux, parfois même les villes. Les *Jacques* du XIVe siècle n'étaient meilleurs ni pires que les *Communeux* du XIXe..... Et l'Anglais occupait la moitié du royaume.

Nos pères ont vu toutes ces choses et bien d'autres encore, y compris la Terreur. Ils ont cependant triomphé des Anglais et des Jacques, des Ligueurs et des Espagnols. Malgré tant d'ennemis, tant de souffrances, tant de malheurs, ils ont fait certaine figure dans l'histoire, si bien que, soixante ans après la Ligue et le siége de Paris, en parlant du petit-fils de Henri IV, l'Europe disait : le ROI.

Et quel peuple n'a connu la guerre civile et l'invasion ? Lequel n'a lutté ? Lequel n'a souffert ? Lequel n'a senti, comme nous, s'appesantir sur lui la mauvaise fortune ?

Elles sont rares dans l'histoire les périodes où les peuples vivent en paix avec eux-mêmes et avec leurs voisins. Encore ne semblent-elles arriver que pour laisser aux désastres le temps de se préparer, comme les orages au milieu du calme.

Et ce n'est pas d'hier qu'est dite cette parole : « Pour vivre, l'homme doit combattre, » *Militia est vita hominis super terra.*

*
* *

C'est la loi commune. Les nations doivent être comme des armées, toujours sur le qui-vive et toujours prêtes à repousser l'ennemi. L'ennemi les environne ; il est souvent au milieu d'elles. C'est le voisin ambitieux qui franchit la frontière ; c'est le malfaiteur qui, dans l'ombre, attend l'heure de la révolte et l'occasion du crime. Malheur aux nations qui manquent de vigilance et de courage ! Elles s'endorment dans une paix trompeuse pour se réveiller bientôt dans la servitude ou dans l'anarchie.

Hier nous n'étions qu'un troupeau ; désormais soyons une armée, et nous retrouverons et notre vieil honneur et notre sécurité.

Mais pour être une armée, que de choses nous manquent !

Ce qui fait la force d'une armée, c'est la discipline, c'est-à-dire la confiance dans les chefs, le respect de la consigne, l'accord des volontés.

Nous n'avons plus rien de tout cela, et cependant nous avons sous les yeux un exemple dont il est temps de profiter. Je ne parle pas de la discipline du peuple allemand, devenu notre vainqueur. Je parle de la discipline de cette armée de barbares, de cette armée socialiste, que l'Empire a laissée s'organiser au milieu de nous, à notre insu.

En 1864, le comité central provisoire de l'*Internationale* se fixe à Londres. Deux ans plus tard, le premier congrès se réunit à Genève. D'autres se succèdent d'année en année. Des comités fédéraux se constituent en Angleterre, en France, en Allemagne, dans toute l'Europe et même en Amérique. Des comités locaux s'établissent dans les grands centres ouvriers. Les adhérents se multiplient, apportant leur concours et leur argent. Ils se comptent bientôt par millions. Cependant la lutte commence. Des journaux se fondent. Des procès s'engagent. Des grèves se déclarent de tous côtés. Des émeutes éclatent en Belgique, au Creuzot, à la Ricamarie, à Roubaix. La révolution paraît et, le 28 septembre 1870, Lyon tombe au pouvoir de l'*Internationale*, — Paris, le 18 mars suivant. Jamais gouvernement ne fut mieux servi. Des chefs inconnus, étrangers pour la plupart, soulèvent une foule docile, lui dictent leurs volontés, disposent d'elle, la conduisent au combat puis au crime, sans que les défaites qu'ils essuient, les assassinats qu'ils ordonnent, les incendies qu'ils allument, leur fassent rien perdre de leur sinistre popularité.

*
* *

Et cependant que faisons-nous, honnêtes gens et conservateurs? Des chefs? Ah ! nous en voulons ; nous n'en voulons que trop ; et nous aimons à les placer sur un piédestal pour mieux les voir et les entendre. Nous les épions sans cesse et ne leur laissons pas une heure de liberté. Leur vie privée n'a pas de secrets pour nous. Pendant vingt ans nous nous sommes particulièrement occupés des faisans que tuait l'Empereur, et des robes que portait l'Impératrice. Aujourd'hui nous cherchons à voir par toutes les fentes ce qui se passe dans l'intérieur de M. Thiers.

Oui, nous voulons des chefs; mais nous ne savons pas les entourer d'obéissance et de respect. Nous les plaçons sur un piédestal, ce n'est pas seulement pour les voir ; c'est surtout pour les faire souffrir et les renverser.

Jamais peuple n'a fait une telle consommation d'hommes. Sitôt qu'un de nous s'élève au-dessus de la médiocrité commune, politique, orateur, industriel, artiste, dans quelque sphère que ce soit, il n'a pas contre lui que ses adversaires ; — il a ses amis ; ses amis, auxquels l'envie souffle la calomnie ; ses amis qui scrutent son passé, décrient son mérite, travestissent ses sentiments, soupçonnent ses actions. Croit-on aujourd'hui à l'amour sincère du bien, à l'amour pur de la gloire ? On demanderait volontiers à saint Vincent-de-Paul ce qu'il gagne ; à Bayard, quel est son avancement.

Notre monde est l'école mutuelle du mépris.

Je ne voudrais pas voir les hommes publics échapper au jugement de leurs concitoyens, et se retrancher sur des hauteurs inaccessibles. Plus grande est leur influence, plus grande doit être leur responsabilité. Il faut que l'opinion puisse les atteindre et les soumettre à ses arrêts souverains, alors même qu'ils seraient injustes. Il faut que la loi courbe toutes les têtes, et, pour qu'Athènes soit libre, il faut qu'Aristide puisse être proscrit.

Je comprends donc et j'excuse les colères, les égarements de l'opinion. Elle est faillible, comme tout ce qui vient de nous. Mais je ne comprends ni la bassesse, ni l'ingratitude. Et c'est une des amertumes de ma vie de voir que si bon, si honnête, si grand même qu'on soit, on ne puisse aujourd'hui se garer des viles insultes de la multitude.

Qu'il entoure son cœur du triple airain dont parle le poëte, celui qui s'aventure sur les flots orageux de la politique. Heureux, s'il n'y perd que ses soins et ses veilles !

Ah ! l'opinion, l'aveugle et cruelle opinion ! Nous n'avons qu'à regarder en arrière et autour de nous, pour compter ses victimes. Elle les frappe au hasard, dans les rangs les plus opposés, sans que ni le talent, ni la vertu, ni les services rendus, ni les sacrifices, puissent détourner ses soupçons, désarmer ses vengeances.

Pourtant les hommes d'élite sont rares. Nos pères les ménageaient mieux. Ils avaient pour eux une révérence qui allait parfois jusqu'à pardonner des faiblesses et des fautes. Nous, nous agissons d'autre sorte : nous tenons pour suspect quiconque nous est supérieur.

Au lendemain de l'Empire, sommes-nous donc si riches pour être si prodigues ?

*
* *

Il est cependant une chose que nous respectons moins que nos chefs : c'est notre consigne.

Je veux dire que nous avons perdu le sens de la loi.

Rien n'est plus affligeant que de voir à quel point le sentiment de l'intérêt étouffe aujourd'hui, dans chacun de nous, le sentiment de la justice. C'est une opinion vulgaire que la loi ne doit prescrire que ce que le plus grand nombre juge le plus utile; qu'elle n'a d'autre fondement que le caprice des foules, et qu'elle est faite, non pour protéger, mais pour asservir les minorités.

Pour la plupart, la loi n'est donc que l'expression de la force. Aussi la subit-on par contrainte et non par conviction. Sitôt qu'on peut l'enfreindre, on s'empresse de le faire; et, dans tout conflit entre un malfaiteur et un gendarme, c'est pour le malfaiteur qu'on prend parti.

La loi n'est plus l'expression de la justice. Elle ne découle plus de ce que Cicéron appelait « ce quelque chose d'éternel, qui a précédé l'origine des peuples et des sociétés, et qui n'est autre que la suprême raison du grand Jupiter. »

Elle n'est plus l'expression de ces règles primordiales dont l'ensemble constitue le DROIT, et qu'on nomme *principes*, parce qu'elles sont le fondement de toute morale.

Un homme politique qui dit avoir des principes, est, en quelque sorte, un être fossile, dont la foule s'étonne, et dont les lettrés se divertissent.

*
* *

Où pourrions-nous trouver la notion du droit dans l'état d'anarchie morale où nous sommes réduits ?

Si l'union des ames est une des conditions de la discipline sociale, nous sommes en vérité bien à plaindre.

La plupart de nos contemporains ne pensent guère ; mais, parmi ceux qui pensent, en est-il deux qui pensent de même ?

En politique, aussi bien qu'en philosophie, on ne trouve autour de soi que contradictions et paradoxes. A force de douter de tout, nous avons fini par ne plus croire à rien. Nous en sommes arrivés à discuter sérieusement la question de savoir si l'homme descend du singe, ce qui me porte à penser que le singe n'aurait pas trop à gagner à cette parenté-là. Nous sommes devenus un peuple de railleurs, se moquant de tout ce qui ne l'effraie pas, vivant sans souvenirs et sans espérances.

C'est une grande tristesse ; c'est aussi un grand péril. Du scepticisme à l'indifférence il n'y a qu'un pas. Sollicitez donc des gens qui ne croient à rien, de s'occuper de la chose publique; ils vous diront : pourquoi faire? et resteront chez eux. Un acte de dévouement est toujours un acte de foi.

Il faut une ame aux nations. Il leur faut une pensée collective, qui pénètre tous les esprits et inspire toutes les consciences, qui unisse tous les cœurs dans cette harmonie nécessaire qui s'appelle le patriotisme.

Si nous avons si peu de patriotisme, c'est que l'ame de la France est singulièrement engourdie ; c'est qu'il n'y a plus d'idées communes ; c'est que chacun de nous parle un langage que son voisin ne comprend plus ; c'est que, depuis longtemps, nous avons mis à la place de nos croyances politiques des préjugés et des rancunes.

Souvenons-nous de Byzance assiégée par les Turcs. Au lieu de courir au rempart et de défendre leur ville d'un même cœur et d'un même courage, les habitants s'épuisaient dans de vaines querelles et se déchiraient de leurs mains. La France, envahie par la barbarie socialiste, n'offre-t-elle pas un spectacle pareil ? Vingt partis la divisent qui, loin de la défendre, se font entre eux la guerre et laissent venir l'ennemi.

L'ennemi viendra, soyons-en sûrs ; il pénétrera par les brèches que nous aurons faites nous-mêmes, si nous ne comprenons enfin qu'il est temps de porter nos regards vers l'avenir et de cesser de nous battre sur les ruines du passé.

*
* *

En vérité, je ne me fais aucune illusion ; je connais mes contemporains, et, si je ne les avais en grande pitié, je les aurais en grand mépris ; je sais ce que l'Empire a fait de nous ; je m'afflige et je m'effraie autant que personne de ce qu'il y a de douloureux, de ce qu'il y a d'alarmant dans l'état présent de la société française ; j'y vois clairement les signes d'une décadence précoce et les symptômes d'un mal qui s'étend aux sources mêmes de la vie.

Seulement, je me persuade que ce mal n'est pas mortel et que cette décadence peut être arrêtée.

Je songe à la parole de l'Écriture, qu'un grand orateur appliquait un jour à la Pologne expirante : « *Sanabiles fecit nationes terræ.* » « Dieu a fait les nations guérissables », et j'affirme que nous avons encore assez de ressort pour réagir, si nous le voulons, contre les influences pernicieuses qui altèrent notre raison et notre santé.

Un Anglais, vivant à la fin du XVIIe siècle, pouvait à bon droit douter comme nous du salut de son pays. L'Angleterre souffrait, cinquante ans après sa révolution, du mal qui nous dévore. Elle voyait ses citoyens divisés par les haines politiques et le fanatisme religieux ; des excès de toutes sortes ; des conspirations permanentes ; la guerre civile à tout instant rallumée; le crédit public ruiné ; l'influence anglaise détruite au dehors ; les rois renversés du trône paternel ; un usurpateur étranger prenant leur place et faisant succéder une tyrannie sanglante à un pouvoir corrompu. Oui, à l'aspect de tant de misère et d'avilissement, on pouvait croire l'Angleterre condamnée sans retour.

Cependant elle passe aujourd'hui pour être le modèle des nations. On admire chez elle les vertus qui nous manquent : le patriotisme, le respect de la loi et de la tradition, la fidélité au prince.

L'Angleterre s'est relevée parce qu'elle n'a pas désespéré d'elle-même, et qu'au lieu de se jeter dans les bras d'un empirique qui l'aurait perdue sous prétexte de la sauver, elle a soigné courageusement son mal et l'a guéri à force de patience et d'énergie.

*
* *

Eh bien ! je conjure mon pays de tenter pour son salut ce que l'Angleterre a fait autrefois, et de chercher dans la *vie publique*, c'est-à-dire dans la pratique des affaires, le remède qui convient à ses souffrances.

La vie publique nous rendrait d'abord le bon sens dont nous sommes si dépourvus en politique. Faisant justice de nos utopies, elle nous permettrait de revenir aux véritables règles de gouvernement, qui sont fondées, non sur la fantaisie, mais sur l'expérience. Au milieu de la crise actuelle, chaque jour voit éclore quelque projet de constitution, quelque plan de réforme sociale. Si opposés qu'ils soient, ils révèlent tous une même chose : un défaut complet de sens pratique. On prend des chimères pour des réalités ; on croit possible de reconstruire en un jour un peuple de toutes pièces, sans tenir compte de son passé, de son caractère, de ses mœurs, de ses besoins. On n'a pas vécu la politique, on l'a rêvée dans son cabinet d'études ou dans un cercle d'amis. C'est tout au plus si quelques-uns ont pris la peine de l'étudier dans l'histoire. Mais, depuis l'Empire, personne ne l'a pratiquée, et même, avant l'Empire, le nombre de ceux qui pouvaient le faire, était relativement fort restreint. Comment dès lors s'étonner de l'anarchie morale qui est un des dangers de la situation présente ? Comment ne pas s'empresser de la conjurer en demandant à l'expérience de faire justice de l'utopie ? Quelques années suffiraient pour rapprocher les partis sur le terrain des affaires, si divisés qu'ils soient en apparence, et pour faire disparaître ces préjugés ridicules et ces aspirations malsaines, qui courent les rues et troublent les cerveaux.

Nous ne respectons pas la loi : c'est à coup sûr parce que nous ne la connaissons pas. Je ne crois pas qu'il y ait, à cet égard, de pays moins éclairé que le nôtre, et j'affirme que la moitié au moins des électeurs ignore ce que les députés viennent faire à la Chambre. Le paysan sait bien ce que c'est qu'un conseiller municipal, il se doute de ce que peut être un conseiller général : il ne soupçonne pas ce que c'est qu'un représentant; et j'imagine que l'ouvrier, malgré ses hautes prétentions, n'en sait pas beaucoup plus que le paysan. Le peuple personnifie la loi dans le percepteur et dans le gendarme; il ne comprend que deux choses : ce qu'il doit payer, et ce qu'il doit craindre. Laissez la vie publique enseigner à tous le mécanisme de la loi, en révéler l'utilité protectrice, en découvrir le principe : elle en aura par là même inspiré le respect.

La vie publique enfin formera des hommes. Tout en ayant pour ceux d'entre nous qui osent se mêler de politique, cette jalousie féroce dont je me désolais plus haut, nous éprouvons en ce moment une certaine humiliation de voir que nous ne pouvons mettre à notre tête que des personnages d'un autre temps. Sans doute il y a dans le monde politique beaucoup d'esprits supérieurs qui semblent destinés à porter le fardeau des affaires ; cependant, sitôt qu'ils le soulèvent, ils en sont accablés : c'est qu'ils n'en ont pas l'expérience. Et si des esprits supérieurs, nous passons aux aventuriers que l'émeute élève parfois à des fonctions publiques, la chose tourne au grotesque. Tel est le fruit de vingt années d'indifférence pendant lesquelles personne n'a voulu ni pu faire son éducation politique. C'est donc la vie publique qui seule forme les hommes. C'est elle aussi qui les protége, car c'est elle qui apprend à leurs concitoyens ce qu'il faut de patience, de mérite et de courage pour prendre une part utile à la direction des affaires.

Ainsi, dans la vie publique, nous pouvons rencontrer ce qui nous manque pour être comme une armée, c'est-à-dire pour être une nation capable de vaincre ses ennemis, capable même de se vaincre elle-même : l'union, l'obéissance, le commandement.

*
* *

Il est si vrai que dans la vie publique se trouve le secret de notre guérison, que nous y sommes entraînés, depuis quelque temps, comme par cette sorte d'instinct providentiel, qui pousse les animaux à choisir entre toutes la plante salutaire.

Malgré la hâte et le désarroi dans lesquels nous étions en février dernier, nous avons trouvé le loisir de dire à tous nos députés : « Quand vous aurez arraché votre pays des mains de l'étranger, ne le rendez qu'à lui-même ; donnez-lui, quelle que soit la forme du futur gouvernement, le moyen de vivre désormais à l'abri des émeutes et des coups d'État.

Surtout ne le laissez plus aux proconsuls que Paris lui envoie toutes les fois qu'il lui plaît de déchaîner ou d'enchaîner la révolution. »

Nous prononcions tous ce mot, de style barbare, mais de tant d'espérances : DÉCENTRALISATION. Ce n'était peut-être pas encore avec le désir bien ardent de faire nous-mêmes nos affaires. Mais c'était au moins pour protester contre des abus de pouvoir qui n'avaient jamais été ni si criants, ni si funestes, que depuis quelques années. Nous disions à l'Etat de garder ses droits, mais d'en confier l'exercice à des citoyens responsables et soumis au contrôle du pays.

En un mot, « Plus de fonctionnaires » ou, du moins, « Peu de fonctionnaires », tel était le vœu général. La France était lasse du système administratif, que l'Empire sans doute n'avait pas créé, mais dont il avait étrangement profité. Elle faisait ainsi un premier pas, — un pas nécessaire, — dans la voie qui doit la conduire à la vie publique.

C'était si commode pour le gouvernement d'avoir à ses ordres un personnel nombreux, discipliné, composé d'hommes choisis, sauf exception, parmi les plus intelligents, les plus instruits, les plus honnêtes ; de lui confier tous les intérêts du pays : l'administration, les finances, la justice, les travaux publics, l'enseignement ; et d'être sûr que jamais il ne s'écarterait de la ligne tracée, qu'il ne prendrait conseil que de sa docilité, qu'il serait à toute heure en état de tout savoir et de tout faire.

Quelle ineptie, ou quelle mauvaise foi, fut celle des gens qui prirent la direction de la révolution française et lui imprimèrent son caractère définitif! Ils ont détruit les corps indépendants, tels que les États Provinciaux et les Parlements, sans se demander si ces corps illustres, après avoir contenu le pouvoir royal, ne devaient pas servir de fondement à la liberté moderne. Soit! Mais pourquoi maintenir, ou plutôt pourquoi créer une caste véritable, la caste des fonctionnaires, qui bientôt exercerait seule la puissance administrative, ne répondrait de ses actes ni devant la justice, ni devant l'opinion, et vivrait sous la dépendance complète du gouvernement?

Sans doute il serait injuste de méconnaitre que les fonctionnaires ont géré les services publics avec zèle et intelligence ; qu'ils ont satisfait tous les gouvernements qui se sont succédés ; et que, en somme, ils ont dignement rempli leur mission.

Mais leur mission même a été fatale. L'abaissement, ou pour mieux dire, l'anéantissement de l'esprit public, n'a pas d'autre origine. Les fonctionnaires ont paralysé la France. A force de la réduire à l'inaction, de pourvoir à tous ses besoins, de la tenir sous une tutelle étroite, ils lui ont fait perdre l'intelligence et le goût de la politique. Ils ont placé les hommes, que leur éducation, leur aptitude ou leur ambition semblaient destiner aux affaires, dans cette alternative de venir prendre place dans leurs rangs pour accepter leur discipline, c'est-à-dire de cesser d'être citoyens en devenant fonctionnaires, ou de consumer leur vie dans une agitation impuissante, pleine de conseils chimériques et de mauvais desseins. Quant à la nation même, ils l'ont plongée dans cette indifférence honteuse qui lui a fait tout accepter et tout subir à la condition de vivre en paix et en prospérité.

Il serait impossible d'aborder la vie publique sans en écarter ce personnel tout-puissant qui en garde l'entrée et en occupe les avenues. Instruite par ses malheurs, la France l'a compris et veut, en conséquence, que les fonctions publiques, cessant d'être un monopole, soient ouvertes à tous les citoyens.

*
* *

Ce n'est pas que « l'admissibilité de tous les citoyens à toutes les fonctions » ne soit une règle ancienne : toutes les constitutions l'ont proclamée ; mais tous les gouvernements l'ont éludée. Au lieu de confier les affaires de l'État à ceux qui en sont actuellement les plus dignes, on forme pour chaque service des corps spéciaux dans lesquels on entre qu'à certaines conditions, et dont on ne sort qu'à la fin de sa carrière. N'est-ce pas là le monopole? Pourquoi, lorsque l'État choisit un administrateur pour un département, au lieu de chercher un homme qui connaisse et qui aime ce pays, va-t-il prendre un personnage qui n'y est jamais venu, mais qui a la bonne fortune d'avoir été déjà préfet ou sous-préfet à deux cents lieues de là? Pourquoi, lorsque l'État veut tracer une route, fonder une chaire, établir un tribunal, s'adresse-t-il au corps des ponts et chaussées, au corps des professeurs, au corps des magistrats? Ne saurait-il trouver en France un ingénieur, un savant ou un jurisconsulte, capable, quoique n'ayant ni diplôme ni brevet, de remplir la mission spéciale qui lui serait confiée? Avec nos mœurs actuelles, ce serait assez difficile, puisqu'il est admis que personne ne peut s'occuper des affaires publiques sans la licence du gouvernement. Mais, si le principe du libre concours des citoyens était admis, on ne tarderait pas à voir des gens se préparer à tous les services publics, pour les occuper temporairement, et rentrer ensuite dans la vie privée, sans avoir rien perdu ni de leur indépendance, ni de leur capacité.

L'Angleterre a des ingénieurs, sans avoir de corps des ponts et chaussées; la Suisse, des professeurs, sans avoir d'université; l'Amérique, des magistrats, sans avoir de fonctions judiciaires permanentes. — Nos anciennes provinces d'États étaient les mieux administrées, et cependant beaucoup de services y étaient indépendants du pouvoir central. — De nos jours même, en France, l'État, qui s'adresse pour tracer des chemins à des ingénieurs, qui sont fonctionnaires, pour construire des palais, s'adresse à des architectes, qui ne le sont pas. La justice correctionnelle et la justice civile sont rendues par des magistrats inamovibles, mais la justice criminelle est rendue par des jurés que désigne le sort, la justice commerciale par des négociants que choisissent leurs pairs. Les département sont régis par des fonctionnaires, mais les villes sont administrées par des citoyens élus. Les grandes compagnies financières et industrielles ne désignent-elles pas leurs directeurs et ne prennent-elles pas leurs agents, en dehors de toute corporation privilégiée ? Elles ont pourtant des services aussi importants et aussi bien conduits que ceux de l'État.

Il est donc possible, dans la plupart des cas et sous certaines réserves, de se passer de fonctionnaires attitrés, et de s'adresser au pays pour administrer le pays. S'il en était ainsi, quelle émulation et quelle activité dans nos provinces ! Comme les jeunes gens, au lieu d'encombrer les carrières publiques et de se placer sous la discipline administrative, chercheraient à se faire eux-mêmes une place dans la vie ; et, cette place une fois conquise, comme ils travailleraient et comme ils lutteraient pour la conserver ! Quelle indépendance dans les caractères et quelle dignité dans les mœurs !

Les fonctions publiques, chez un peuple qui veut se gouverner lui-même, doivent être un mandat qui se renouvelle, et non pas une profession qui se perpétue.

*
* *

L'instinct du pays, cette fois, ne l'a donc pas trompé. La transformation du personnel administratif est la réforme qui doit préparer toutes les autres. Elle est indispensable au salut du pays. Mais qu'elle est difficile et que de ménagements elle exige ! Ce n'est pas qu'une œuvre de sagesse, c'est une œuvre de patience.

Pour l'accomplir, il faut se heurter à mille préjugés. Malgré notre désir d'émancipation, nous serons longtemps à nous persuader que le diplôme ne fait pas le savant. Nous nous inclinerons malgré nous devant le prestige du costume officiel. Nous trouverons plus facile de demander à la faveur ce qui n'est dû qu'au mérite ; et nous souhaiterons pour nos fils ces carrières douces et honorables, qui exigent sans doute au début un effort parfois exagéré, mais dans lesquelles on n'a qu'à se laisser vivre, sûr qu'avec une tenue convenable et un esprit docile, on verra venir à point nommé l'avancement, la décoration et la pension de retraite.

Il faut ensuite ménager des situations légitimement acquises. Des hommes, qui sont entrés dans l'administration avec la perspective d'y passer leur vie, et qui n'ont cessé de s'y bien conduire, ne doivent pas être sacrifiés brusquement, même à l'intérêt public. On est du reste si convaincu que remplir une fonction constitue pour le titulaire, non pas une obligation, mais un droit, qu'on trouve mauvais de voir, au lendemain d'une révolution, remplacer les fonctionnaires politiques. Il est vrai que la plupart de ceux-ci, sous le fallacieux prétexte de servir leur pays, ne demandent qu'à se dévouer à la politique, qu'ils ont combattue la veille, sauf à la combattre de nouveau le lendemain. Il y a des exceptions, mais de plus en plus rares. Or les fonctionnaires sont nombreux; leur clientèle, plus nombreuse encore; ils touchent à toutes les classes de la société, et à tous ses intérêts; ils se regardent comme solidaires les uns des autres. Rien ne serait plus impolitique que de leur faire violence, et de les réduire au désespoir. Les procédés révolutionnaires sont toujours détestables, surtout pour combattre la révolution.

Enfin il ne faut pas se dissimuler qu'une réforme

administrative aussi considérable ne s'accomplira pas sans jeter un certain trouble dans les affaires du pays. Il est certain que des hommes spéciaux, pleins de savoir et d'expérience, sont difficiles à remplacer. La France émancipée fera d'abord ses affaires moins bien que ne les faisaient ses anciens tuteurs. L'important, sans doute, n'est pas, à l'heure présente, que les affaires de la France soient bien faites, mais qu'elles soient faites par la France. Toutefois, s'il est nécessaire de payer notre éducation politique, il est bon de ne la payer que le meilleur marché possible, et, pour cela, d'agir avec prudence et modération.

Si nous voulons réussir, ne nous hâtons pas. Ménageons nos ressources et nos adversaires, ménageons même nos préjugés. Les réformes les plus lentes sont aussi les plus sûres.

*
* *

Aussi ne pensé-je pas qu'il faille s'inquiéter outre mesure de voir l'homme d'État consommé qui gouverne la France, modérer l'ardeur de ceux qui la représentent. Sa prudence aura pour effet de placer, entre l'ancienne et la nouvelle administration, une sorte de système transitoire, qui permettra de ne rien précipiter et de laisser au pays le temps de se préparer aux graves devoirs que la vie publique doit lui imposer.

Et à mesure que la réforme s'accomplira, c'est-à-dire à mesure que, par des suppressions d'emplois et des changements d'attributions, les affaires passeront des mains des fonctionnaires aux mains des citoyens, nous assisterons au réveil, à la résurrection de notre pauvre France, qui ne veut pas mourir encore.

*
* *

Les classes qui, même dans un temps d'égalité politique, sont toujours supérieures et dirigeantes; celles à qui leur éducation, leurs mœurs, leur fortune donnent une influence nécessaire et légitime, doivent être les premières à sortir de l'engourdissement funeste où le régime impérial a plongé la nation tout entière. Dès qu'on aura rendu quelque aliment à leur activité, dès qu'on aura fait appel à leur concours, elles viendront, j'en ai la confiance, sans distinction de partis, se mettre à la disposition du gouvernement, prendre place dans les conseils du pays, se saisir de la direction des affaires publiques. Avec le temps, elles feront mieux encore; elles étendront leur action en dehors même du cercle tracé par le pouvoir et par la loi: elles prendront l'initiative des réformes, la direction des intérêts moraux et matériels; elles formeront une Ligue du Bien Public pour combattre le vice, la misère et l'ignorance.

Le progrès descend, il ne remonte pas. Si ces classes refusaient leur concours, et continuaient de vivre dans l'indifférence, occupées seulement de leurs plaisirs et de leurs intérêts, nulle puissance ne serait capable d'arracher le peuple à ses préjugés, de lui enseigner les devoirs que le patriotisme lui impose, et de le convaincre qu'il est certainement le plus intéressé à défendre l'ordre social. L'erreur se répand d'elle-même, et, pour accepter les folies criminelles du socialisme, le peuple ne songe pas à regarder au-dessus de lui. La vérité au contraire ne se propage que par l'exemple. Une grave responsabilité pèse donc sur les classes supérieures. Dans le passé, elles doivent s'accuser des malheurs de la patrie; dans l'avenir, elles seraient encore coupables de sa ruine, si, dès à présent, elles n'employaient toute leur influence à relever le cœur, l'intelligence, et la moralité des classes populaires.

Le peuple est un enfant qu'il faut instruire pour le soustraire aux mauvais penchants de sa nature; quand il est abandonné à lui-même, comme à Paris et dans les autres grandes villes, il devient méchant; il se laisse facilement démoraliser par l'envie et pénétrer par le vice. Mais s'il reçoit de bons exemples et de bons conseils, s'il est entouré d'hommes éclairés, bienveillants, qui s'occupent de lui et lui inspirent confiance, il ne ferme pas son cœur au bien et au vrai. Son cœur n'est pas mauvais; il s'agit seulement d'y pénétrer. Que de fois j'ai par moi-même éprouvé combien il est plus aisé de convaincre un homme du peuple, que de chasser un préjugé du cerveau d'un bourgeois.

La pratique des affaires rapprochera forcément du peuple les classes supérieures et leur rendra son estime et sa confiance. Quand le peuple verra ceux qu'il nomme « les riches » ne plus se tenir à l'écart et s'occuper d'autre chose que d'eux-mêmes ; quand il les verra se dévouer au bien général, il cessera de les tenir pour suspects et de les traiter en ennemis ; il invoquera leur aide et leurs conseils ; il se laissera guider par eux dans les actes de la vie politique. Ce ne sera pas, comme on dit aujourd'hui, en style révolutionnaire, « le pauvre exploité par le riche ; » ce sera l'ignorant instruit par le lettré, le faible protégé par le fort, le bon conseillé par le sage.

*
* *

Mêlons-nous donc au peuple, et enseignons-lui ses devoirs, en les pratiquant nous-mêmes avec lui.

Demandons-lui ses enfants pour les conduire à l'école. Ne cherchons pas à les lui prendre ; il nous les refuserait. Achevons seulement de lui faire comprendre ce qu'il commence à sentir : le prix de l'instruction. Que cette instruction ne porte pas uniquement sur quelques connaissances utiles ; qu'elle s'étende aux lois de la morale plus nécessaires encore à la vie que celles des arts mécaniques ; qu'elle s'étende aussi aux principes de l'économie sociale; qu'elle enseigne aux enfants quelle doit être leur condition quand ils seront des hommes, et de quelle manière ils doivent servir leur pays. Nous préparerons ainsi une génération meilleure que la nôtre, sachant lire autre chose que de mauvais journaux, et signer autre chose que les cartes d'affiliation à l'*Internationale*.

Conduisons les enfants à l'école; suivons-les à l'église. Si leurs yeux doivent s'incliner encore vers la terre pour y chercher le bien-être, que leurs cœurs s'élèvent vers Dieu, source de toute justice. La religion est le lien des sociétés. Elle rapproche les hommes en leur faisant aimer leurs devoirs et craindre d'y manquer. Un peuple sans foi ne peut être qu'un peuple sans lois. Notre orgueil et notre faiblesse nous empêchent d'en convenir; mais nous le sentons bien. Tâchons au moins que la génération future se plie à cette discipline salutaire.

Les enfants du peuple se joindront aux nôtres dans les rangs de l'armée. Le service obligatoire aura cet excellent effet d'unir pendant un certain temps, sous une règle commune, ceux dont la destinée doit être ensuite si différente. Les jeunes gens perdront ainsi les préjugés de leur naissance, beaucoup plus invétérés chez les pauvres que chez les riches, et, plus tard, se souvenant de leur temps de service, ils retrouveront leurs frères d'armes dans leurs concitoyens. La discipline les préservera de la contagion du vice ; on verra moins de beaux messieurs se ruiner sur les champs de courses et moins de polissons se griser aux barrières.

Propriétaires, restons à la campagne. Entretenons chez les paysans les sentiments honnêtes qu'ils conservent encore. Tâchons de rendre leur vertu plus éclairée et plus agissante. Défendons-les contre la propagande révolutionnaire.

Industriels, vivons avec les ouvriers. Chez eux, malheureusement, ce ne sont plus des vertus qu'il nous faut défendre, ce sont des vices qu'il nous faut combattre. Occupons-nous de leur bien-être et surtout de leur esprit ; rendons-leur la vie de famille plus facile, l'épargne plus sûre, le travail moins pénible. Éloignons-les du cabaret.

Hommes de loisirs et hommes d'études, faisons des questions économiques et des questions sociales l'objet de nos constantes méditations ; prêtons-nous à toutes les œuvres de prévoyance, d'instruction, d'assistance qui solliciteront notre zèle ; et tenons pour certain que tout ce que nous ferons pour le progrès des mœurs publiques, nous le ferons pour nous-mêmes et pour le salut de la France.

Puisse la vie publique rapprocher ainsi les classes et les confondre dans une activité commune ; puisse-t-elle faire disparaître les préjugés qui nous divisent et les défaillances qui nous perdent ; puisse-telle nous réunir en un seul parti et nous inspirer à tous cette grande vertu : le patriotisme !

*
* *

Ce sera l'avenir, s'il plaît à Dieu. Mais l'avenir est lointain et le péril est proche. Nous sommes comme nos pauvres soldats de l'armée de la Loire, obligés de se réunir, de s'armer, de se préparer au combat, sous les yeux et sous le feu de l'ennemi.

La révolution sociale, en face de laquelle l'Empire nous a placés, ne nous laissera pas le temps d'organiser la résistance. Elle profitera de toutes les occasions pour nous surprendre, comme elle a profité naguère de la présence et de la faveur des Prussiens. Sa défaite récente ne la décourage pas ; elle ne prend même plus la peine de dissimuler ses projets et ses espérances.

Ennemie perfide, qui avant de recourir au crime, use de la tentation ! Elle parle à ce peuple crédule, dont l'ignorance est si redoutable, à ce peuple qui n'a plus ni règles, ni traditions, ni croyances ; elle lui fait entrevoir la possibilité de détruire la misère, et de donner à tous le bien-être au sein de la paix universelle ; elle l'excite contre ceux dont l'avarice et l'orgueil s'opposent, suivant elle, à cet idéal ; elle le pousse à faire justice de leur résistance ; en un mot, elle attise toutes les haines en éveillant toutes les convoitises.

Et ce peuple a dans les mains le suffrage universel !

S'il nous échappe, tout est perdu. Vainement nous aurons pour nous la justice et la raison ; la révolution aura le nombre et nous disparaîtrons.

Il est donc de la dernière urgence de mettre le peuple en garde contre les menées socialistes.

Le meilleur moyen, le seul peut-être, est de lui faire comprendre ce que c'est que le socialisme. Il ne le sait pas encore ; il entend ces grands mots de *progrès*, de *revendications*, d'*émancipation des travailleurs* ; il ignore ce qu'ils veulent dire. Seulement, au besoin, il se ferait tuer pour eux.

Apprenons-lui que ces mots contiennent l'abolition de la propriété, l'abolition de l'héritage, l'abolition de la famille, l'abolition de la patrie. Découvrons lui les mystères odieux de cette *Société internationale* qui a fait déjà tant de victimes, et dont le triomphe, bien qu'éphémère, serait la plus douloureuse catastrophe que l'histoire aurait enregistrée.

Une *enquête* sur les questions ouvrières pourrait atteindre ce résultat ; une enquête immédiate, solennelle, dans laquelle on entendrait, sans se laisser rebuter par aucune extravagance, les gens qui, tant en France qu'à l'étranger, tiennent école de socialisme ; puis les délégués des classes ouvrières ; puis les chefs d'industrie qui, vivant au milieu de ces classes, les connaissent souvent mieux qu'elles ne se connaissent elles-mêmes ; enfin tous les hommes de science, tous les hommes d'expérience, et même les journalistes.

Quand les conclusions de cette enquête auraient été publiées, affichées, répandues à profusion dans le peuple, nous verrions combien de paysans abandonneraient leur champ, combien d'ouvriers leur épargne, combien de mères leurs enfants.

Que le socialisme soit connu, il n'y aura plus de socialistes ; car le socialisme n'est pas seulement une révolte contre le bon sens et la justice ; c'est une révolte contre le cœur humain.

*
* *

Cette enquête aurait un autre avantage ; ce serait de faire mieux connaître la condition morale et matérielle des classes laborieuses, de recueillir leurs plaintes, et de chercher les satisfactions qui leur sont dues.

On peut en effet rencontrer, parmi les plus criminelles utopies, quelques idées vraiment utiles et libérales, qu'il serait sage d'accueillir et de mettre en pratique. On aurait alors moins de peine à convaincre les ouvriers qu'ils ne sont pas traités en ennemis et en victimes ; que personne ne peut avoir la pensée de les empêcher d'arriver à la plus grande somme possible de bien-être et d'instruction ; que, si les hommes de sens repoussent avec énergie les projets absurdes des misérables qui les exploitent, c'est parce qu'ils sont certains que ces projets n'ont rien de juste, rien de praticable, rien qui ne soit contraire aux intérêts bien entendus du corps social tout entier.

Dans l'hiver de 1789 à 1790, des crimes pareils à ceux dont Paris vient d'être le théâtre, épouvantèrent la France. Le meurtre et l'incendie désolèrent la plupart des provinces; beaucoup de châteaux furent pillés et brûlés, un certain nombre de nobles mis à mort. Ce furent les paysans qui commirent ces excès. Or, à cette époque, les paysans étaient vraiment misérables; ils ne possédaient pas les champs qu'ils cultivaient et supportaient les plus lourdes charges de l'État. Aujourd'hui que les paysans ne sont plus opprimés et qu'ils sont propriétaires, la révolution ne les a plus pour complices.

Pourquoi n'en serait-il pas de même pour les ouvriers ? On ne peut nier qu'un malaise réel, plus moral encore que physique, ne règne parmi eux ; l'organisation moderne du travail, les conditions dans lesquelles s'exerce la grande industrie, ont eu sur leur sort une influence fâcheuse. Ils sont éloignés trop souvent de leurs familles; ils sont placés dans un milieu où le vice est aisé et l'épargne difficile ; ils ont parfois un labeur excessif, un salaire insuffisant ; leurs enfants sont, comme eux-mêmes, exposés à de mauvais exemples... Il y a là pour l'économiste et pour l'homme politique plus d'un problème à étudier. Pour ramener les ouvriers à des idées d'ordre et de bon sens, le plus sûr est encore de faire pour eux ce qu'on a fait pour les paysans, c'est-à-dire de les intéresser à la défense de l'ordre social en rendant leur condition meilleure.

***

En tout cas cela vaudrait mieux que de les traiter en criminels.

Rien de plus juste, en vérité, ni de plus nécessaire que de punir de façon exemplaire les auteurs et les complices de l'insurrection du 18 mars. Les traiter avec indulgence serait une impardonnable faiblesse et presque une trahison.

Seulement, après avoir usé de rigueur envers le crime, il ne faudrait pas user de violence envers l'idée.

Proposer, pour arrêter la propagande socialiste, de conserver les lois restrictives du droit d'association ; de rapporter celles qui ont, en quelque manière, relâché la rigueur des premières ; d'en établir de nouvelles qui punissent comme un crime le fait seul d'être affilié à certaines sociétés, c'est proposer exactement le contraire de ce que le bon sens indique et de ce que l'expérience commande.

On ne gouverne pas avec des théories, encore moins avec des préjugés ; on gouverne avec des faits. C'est folie de ne songer qu'à ce qui devrait être, sans tenir compte de ce qui est. Il faut examiner de sang-froid la situation présente, ne pas s'en effrayer, — car la peur est mauvaise conseillère, — et en tirer le meilleur parti possible.

Or, s'il est un fait avéré, c'est que l'association est une des tendances les plus marquées de l'esprit français. Nous cherchons à nous associer pour toutes choses, pour le travail et le plaisir, pour l'épargne et l'assistance, pour l'étude et la politique. C'est plus qu'une tendance de l'esprit français ; c'est une tendance de l'esprit humain, l'une des meilleures. Isolé, l'homme serait un être misérable et nu, le jouet de la nature ; uni à ses semblables, il en devient le roi.

Il est inutile d'entrer en lutte avec l'esprit humain. Il se peut que l'ordre public soit plus facile à maintenir en l'absence de toute association ; mais on ne peut empêcher l'association. Nos derniers gouvernements l'ont tenté et l'ont tenté en vain. Toute leur prudence et leur sévérité n'ont pu triompher de la persévérance des ouvriers ; ceux-ci, malgré tout, se sont groupés dans chaque corps d'état, dans chaque ville, dans toute la France. Le gouvernement actuel ne réussirait pas mieux que ses devanciers. S'il fait de l'association un délit particulier, comment pense-t-il l'atteindre? Pour un coupable découvert, il y en aurait mille qui échapperaient à ses poursuites; et, s'il les découvrait tous, que pourrait-il en faire? La moitié de la France ne saurait devenir le geôlier de l'autre.

Des lois semblables n'obtiennent jamais que les résultats suivants : elles n'empêchent pas les mauvais citoyens de s'associer pour le mal, mais elles empêchent les bons de s'associer pour le bien; ceux-ci sont trop heureux de trouver dans la loi une excuse pour leur indifférence; nous l'avons assez vu sous l'Empire; — elles rendent plus dangereuses les associations mauvaises; car les transformer en sociétés secrètes, c'est leur prêter un attrait qui séduit les esprits aventureux, c'est rendre plus difficile, à cause du mystère qui les entoure, la surveillance de la police; c'est leur donner une influence qui grandit en raison même de ce mystère et du péril qui l'accompagne; — enfin, comme à la suite des journées de juin 1848, au lieu de ramener à la concorde les esprits hostiles, elles creusent entre eux un abîme rendu chaque jour plus profond par les vexations et par les poursuites.

Pour moi, je voudrais bien que l'expérience servît à quelque chose, et qu'on ne nous fît pas toujours retomber dans les mêmes fautes.

Au lieu de recourir à des mesures préventives injustes et impuissantes, je briserais d'abord toutes les entraves qui gênent encore l'association, et, du coup, j'enlèverais aux sociétés secrètes la moitié de leurs adhérents. Puis je dirais à l'autre moitié : Vous êtes libres ; si vous vous associez pour le bien, je m'en réjouirai ; mais, si vous le faites pour le mal, prenez garde ; car tous les délits que vous commettrez sous l'influence de votre association, trouveront dans cette circonstance une aggravation telle que la loi épuisera sur vous ses rigueurs.

Soyons d'autant plus sévères pour le crime que la liberté sera plus grande ; mais respectons la liberté, car c'est elle qui nous sauvera de la révolution.

*
* *

De toutes les politiques la plus funeste serait assurément la politique de réaction ; elle ne servirait qu'à rendre impossible cette conciliation des esprits si nécessaire à l'œuvre de la restauration nationale ; à nous pousser aux expédients ; à nous réduire à la violence ; à nous rejeter dans les bras du pouvoir personnel, toujours détestable, quel que soit son titre ; à nous écarter de la vie publique ; à nous empêcher de chercher le salut là où nous-mêmes, où nous seuls, pouvons le trouver.

Malgré l'Empire, soyons autre chose que des

vieillards qui n'ont rien appris, ou des enfants qui ne savent rien : soyons des hommes.

Envisageons avec calme l'état misérable où nous sommes ; formons avec courage la résolution d'en sortir ; n'ayons plus d'autre passion ; et, sur le corps mutilé de notre chère et glorieuse patrie, jurons d'oublier nos querelles et d'unir nos cœurs pour la venger et pour la sauver.

Un jour viendra où nos enfants, en lisant notre histoire, auront peine à comprendre que cette France qu'ils verront, grâce à nous, puissante, sage et libre, ait jamais pu servir de camp aux soldats étrangers et de repaire aux bêtes fauves du socialisme. Ils béniront nos efforts, ils plaindront nos malheurs, et, profitant de notre expérience, ils détesteront le despotisme, qu'il s'appelle l'EMPIRE ou la RÉVOLUTION.

FIN.

TABLE

FIN DE LA TABLE.

CORBEIL, typ. et stér. de CRÉTÉ FILS

CORBEIL
TYP. DE CRÉTÉ FILS.

www.ingramcontent.com/pod-product-compliance
Ingram Content Group UK Ltd.
Pitfield, Milton Keynes, MK11 3LW, UK
UKHW031849260826
14628UKWH00002B/678

9 782019 707378